エピソード
で学ぶ
子ども家庭支援
の心理学

小原倫子・小林佐知子
編著

ミネルヴァ書房

は じ め に

　本書は，保育士や幼稚園教諭，保育教諭を目指す学生のみなさんが，子どもや子どもを取り巻く家庭を支援することの実際に即したイメージを，できるだけ豊かに膨らますことで，主体的に学ぶことを願って編集しました。

　2017（平成29）年３月に「保育所保育指針」「幼稚園教育要領」「幼保連携型認定こども園教育・保育要領」の改訂が告示され，2018（平成30）年４月から施行されたことにともない，教職課程の改正に合わせた保育士養成課程の検討がなされ，2019（平成31）年４月から実践力を育てる保育士養成科目が適用されることになりました。「子ども家庭支援の心理学」は，「保育の心理学Ⅰ」「家庭支援論」「子どもの保健Ⅰ」の内容の一部が統一された幅広い領域を包括する科目のため系統的な学びや，他の隣接科目との関係性が理解しづらいことがあるのではないでしょうか。しかしながら「子ども家庭支援の心理学」に含まれる乳幼児期の発達や学びの過程，家族・家庭の理解，子どもの精神保健などの内容は，子どもと子どもを育む家庭の支援には欠くことのできない知識です。

　本書は，各章の内容に関連したエピソードとエピソードに基づいた Work が冒頭に記載されています。エピソードに織り込まれた学生自身の身近な生活や保育現場で課題となっている事柄を知り，Work に取り組むことで，それらに対する考えを深めていくことができるでしょう。さらに，学びを深めるために課題の社会的背景や理論的な枠組みを解説していますので，幅広い視野を獲得することができます。

　保育士や幼稚園教諭，保育教諭にはもう一つ，子どもと子どもを育む家庭を当事者の視点から理解し，理解に基づいた支援を行うという大切な役割があります。本書は理解のみにとどまらず，支援の意義や具体的な方法についても多様な視点を取り入れています。

　【エピソード】【Work】【社会的背景や理論的な枠組み】【支援の方法】に至る一連の構成に取り組んでいただくことで，主体的，対話的で深い学びのプロセスを体験し，子どもと子どもを育む家庭に対する自らの視点を獲得してください。

　保育者を目指す学生のみなさんが，主体的に学ぶことの楽しさを体験し，将来保育現場に立つことへのわくわくした期待感を高めていっていただけることを心から願っています。

　最後になりましたが，本書の企画・編集に際してミネルヴァ書房の中田徹志氏・長田亜里沙氏に大変お世話になりました。所属や領域の異なる執筆者の意見を温かく受け止め，統一感のある内容に作り上げるための根気強く誠実な対応に心から感謝申し上げます。

　2023年10月

編著者　小原倫子

■本書の使い方

本書は，主体的で対話的な深い学びが得られるように第1章から第4章までの各節を，【エピソード】【Work】【社会的背景や理論的な枠組み】【支援の方法】という一連の構成にしています。各節を以下のような紙面にそったステップで取り組んでいただくことで，有意義な学びにご活用ください。

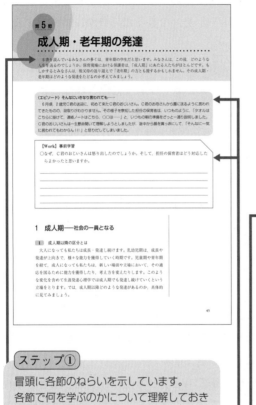

ステップ①

冒頭に各節のねらいを示しています。
各節で何を学ぶのかについて理解しておきましょう。

ステップ②

みなさんにとって身近な生活や保育現場での課題となっている事柄を，【エピソード】に織り込みました。エピソードをよく読み，【Work】事前学習の課題に取り組み，多様な視点で考えをまとめてみましょう。現場に即した知識とそれに対する考えを深めていくことができます。
また，友達や先生と意見交換をしてさらに理解を深めるとよいでしょう。

ステップ③

本文では，各節の内容理解に必須の【社会的背景や理論的な枠組み】を解説しています。社会的背景や理論的な枠組みの解説を精読し，幅広い視野を獲得しましょう。また，子どもと子どもを育む家庭を当事者の視点から理解し，理解に基づいた支援を行うための意義や具体的な方法についての知識が【支援の方法】として得られます。

さらに！
専門書や新聞などで知識を広げてみましょう。専門用語や意味がわからない事柄については，注などを参考に，自分でも本やインターネットなどで調べてみましょう。側注には，下記を紹介しています。
注：本文で参考にした文献や解説などを示しています。また，関連する他の章や節も紹介しています。
引用：引用した文献を示しています。
▶キーワード：重要なキーワードについて解説しています。

本書は，国が定めている養成課程に準じた学びの内容となっています。

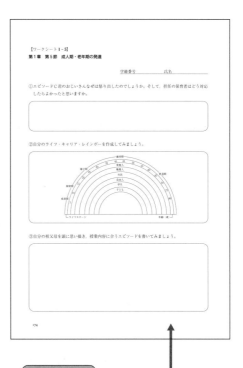

ステップ④

これまでの学びを踏まえて，【Work】事後学習の設問を設けました。課題に取り組み，【エピソード】や【Work】，【社会的背景や理論的な枠組み】【支援の方法】への考えをまとめてみましょう。

また，推薦図書や隣接科目を紹介しているところでは，それらにも目を向けて，視野を広げていきましょう。

ステップ＋α

巻末には，本書の各章・各節について，さらに学びを深められるよう，ワークシートを掲載しました。授業後のさらなる事後学習として，学びを深められます。各章・各節の学びの課題に探究的に取り組み，幅広い視野を得るために活用してください。

〈授業でご使用の先生方へ〉
課題として提出を求める場合はコピーをして配布するなどして，ご活用ください。

目　　次

第3章　子育て家庭に関する現状から考える子ども家庭支援

第 1 章

生涯発達心理学から考える
子ども家庭支援

子ども家庭支援に生涯発達心理学の学びがなぜ必要か

　子育て家庭においては，子どもや両親はもちろん，きょうだいや祖父母など，子どもを取り巻く様々な家族がいます。子育て家庭を支えていくためには，子どもや親の理解だけではなく，子育てに関わる人々の発達的な特徴を理解することが大切です。以下で考えていきましょう。

〈エピソード〉子どもが生まれることによる家族の意識変化

　Aちゃん（1歳児）のお母さんは，Aちゃんを生んでから，家族に対する気持ちが大きく変化したと話してくれます。「子どもを生んで，変わったことは『親としての責任感』を感じるようになったこと。それから，『自分の親への感謝』です。子どもが病気になり，寝ないで看病している時，ふと自分の親もこんな風に心配して，看病してくれていたのかと思って，感謝の気持ちが強くなりました。以前は，親に反抗ばかりしていたのに，随分気持ちが変わったように思います。」と話してくれました。

　また，Aちゃんの祖母は，「自分が育児をしていた時には，『責任を持って育てなければ』と気持ちに余裕を持てなかったけれど，孫が生まれたら，とにかくかわいいと思う気持ちが強いです。家族が増えることで，自分の子どもから孫へと世代のつながりを実感しています。」と話します。お母さんもお祖母さんも，Aちゃんが生まれたことで，家族に対する気持ちの変化を感じているようです。

【Work】事前学習

○子どもが生まれると、周りの家族にはどのような意識の変化が生じるのでしょうか。あなたの親や身近にいる子育て中の人に「子どもが生まれたことによる気持ちの変化」を聞いてみましょう。

_____

_____

_____

_____

_____

1　生涯発達を理解することの意義

生涯発達とは

　ワークを通して，子どもが生まれることや子育てをすることによって，

子どもを取り巻く周りの家族に生じる意識の変化を考えることができたでしょうか。

　子育て家庭を理解するということは，子どもを理解することだけでは十分ではありません。子どもの両親やきょうだい，祖父母など，子どもを取り巻く様々な家族の成員を理解する必要があります。そのため，子ども家庭支援の心理学では，妊娠・出産期から老年期に至るまでの生涯発達を学んでいきます。

　バルテス（Baltes, P. B.）は，生涯発達について，「発達とは受精してから死に至るまでの生涯を通じて生じる，上昇・下降の両面性を持った心身の変化の過程^{引用1}」と定義しています。生涯発達は，人生で生じる様々な変化のことを指し，人は変化し続ける存在であることを強調した言葉です。例えば，エピソードにおいてＡちゃんの母親は，「責任感」を子どもに対して強く持つようになり，Ａちゃんの祖母は，「世代のつながり」のような新しい意識を家族に対して持つようになりました。このように，成人期や老年期に入っても，人は新たな考え方を持ちうる存在であると理解することが重要になります。

　また，Ａちゃんの母親が，親に対して「反抗する気持ちが薄れ，感謝するようになった」と話していたように，以前に持っていた考え方が薄れ，変わっていくこともあるでしょう。発達と聞くと，新たな機能や思考を得ていくような上昇する変化をイメージする人も多いかもしれませんが，以前にはあった機能や思考が失われていくような下降する変化も発達なのです。

　以下では，生涯発達の理論として最も有名なエリクソン（Erickson, E. H.）のライフサイクル理論と，子どもとともに生活する家族が，社会や文化から大きく影響を受けるとするブロンフェンブレンナー（Bronfenbrenner, U.）の生態学的システム論を紹介し，生涯発達心理学の学びがなぜ子育て家庭の理解に必要なのかをさらに深く考えてみたいと思います。

2　エリクソンにおけるライフサイクル理論

　エリクソンは，人が周りの人々や社会との関係の中で，どのように人格を変化させていくのかという視点から生涯発達を考えました。そして，生涯にわたる発達は一定の規則的な周期に従うと考え，それをライフサイクル（人生周期）と名付けました。エリクソンのライフサイクル理論では，人が生まれてから死に至るまでを乳幼児期から老年期（高齢期）

引用1　Baltes, P. B. (1987) "Theoretical Propositions of Life-Span Developmental Psychology," *Developmental Psychology*, 23, pp. 611-626.（ポール・バルテス(1993)「生涯発達心理学を構成する理論的諸観点」鈴木忠訳，東洋・柏木恵子・高橋恵子編『生涯発達の心理学 1』新曜社，173-204頁）。

表1-1-1　エリクソンの八つの発達段階と心理・社会的危機

発達段階	心理・社会的危機	特　徴
第1段階 （乳児期） 0～1歳	基本的信頼 対 不信	基本的信頼とは，子どもが自分が困った時には，身近な他者が必ず助けてくれるだろうという信頼感を獲得することである。不信とは信頼できないことへの不安を抱くようになることである。
第2段階 （幼児期前期） 1～3歳	自律性 対 恥と疑惑	自律性とは，意志の力で自己をコントロールすること。一方で，自分の意志を通そうとすると，親の思いやしつけのあり方とぶつかることがある。このとき，過度に親の思いが先行し，しつけが行きすぎると，子どもは自分に対して，恥や疑惑を感じるようになる。
第3段階 （幼児期後期） 3～6歳	自発性 対 罪悪感	自発性とは，自分で活動を開始し，目的を持つことである。しかし，積極的に動くことは，同じような他者の積極的な動きと衝突し，競争になる。この時衝突しすぎると罪悪感を感じる。
第4段階 （学童期） 6～12歳	勤勉性 対 劣等感	勤勉性とは，身体的，社会的，知的技能における能力を培い，学ぶ喜びをもって，困難な仕事に取り組み，問題を解決していくこと。一方，能力において自分に失望すると劣等感を感じる。
第5段階 （青年期）	アイデンティティ確立 対 アイデンティティ拡散	アイデンティティ確立とは，「自分とは何者か」という問いに歴史的，社会的な定義を与えていくこと。自分の過去との連続性を絶とうとすると，自己意識が曖昧になる。また，他者との心理的距離の取り方に困難さを感じることでも同一性が混乱する。こうした自己意識が曖昧になったり，混乱したりすることがアイデンティティ拡散である。
第6段階 （成人前期）	親密性 対 孤独	親密性とは，他者と性的，もしくは心理的に親密な関係になること。親密な関係になる程，自己が失われるような感じがするが，それでもそういった経験に身を投じて関係を作ること。一方，そのような経験を回避しようとすると孤独感を感じる。
第7段階 （成人後期）	生殖性 対 停滞	生殖性は，次世代を育て，世話をするという仕事を遂行すること。一方，次世代や社会と関わりのないところで自己満足のための行動は停滞や退廃を生んでいく。
第8段階 （老年期）	統合 対 絶望	統合とは，自分の唯一の人生を，あるべき人生だったとして受け入れていくこと。それは，自分の残すものを引き継ぐ次世代を深く信頼することでもある。一方，自己の人生が受け入れられないと，死への恐怖や絶望を感じる。

出所：岡本依子・菅野幸恵・塚田－城みちる（2004）『エピソードで学ぶ乳幼児の発達心理学——関係のなかで育つ子どもたち』新曜社をもとに筆者作成。

までの八つの段階で表し，それぞれの段階に心理・社会的危機と呼ばれる発達課題を示しました（表1-1-1）。エピソードにおけるAちゃんの母親（成人期）が「子育てにおける責任感」を持ったり，祖母（老年期）が「世代のつながり」を感じたりしたことは，それぞれの発達の時期における考え方の特徴として捉えていくこともできるでしょう。

　さらに例を挙げると，第1段階である乳児期の発達課題は「基本的信頼 対 不信」とされます。これは，乳児が空腹などの不快を感じて発信したときに，それに対して身近な他者（例えば，母親）が応えてくれることを何度も繰り返し経験することで，自分の周りの他者や環境に基本的な信頼を持つようになるという考え方です。そして，自分の身の回りの世界に基本的信頼を持つことで，第2段階の幼児期前期の発達課題である自律性（身の回りのことを自分でしようとする力）を発揮させていくよ

うになります。

　このように，エリクソンの発達段階には，それぞれの時期の発達の特徴だけではなく，それまでの心理・社会的な危機を乗り越えてきたかどうかによって，次の課題において力が発揮できるかどうかが変わってくるという特徴があり，「漸成的発達理論」とも呼ばれています。

3　ブロンフェンブレンナーの生態学的システム理論

　エリクソンのライフサイクル理論では，一人の子どもが生まれてから死に至るまでの変化に焦点が当たっていました。しかし，子どもを取り巻く環境（例えば，家族の成員）のあり方は様々であり，その環境が直接的および間接的に子どもの発達に影響を与えることがあります。例えば，エピソードにおけるＡちゃんの母親とは対比的に，何らかの理由で自分の親である祖父母に対し反抗の気持ちを持ち続け，祖父母を頼ることなく子育てをする親もいるでしょう。このように，親が他の家族からのサポートを得にくい場合には，親の子育てへの負担感は増加するかもしれません。

　ブロンフェンブレンナー（Bronfenbrenner, U.）は，子どもを取り巻く様々な環境が相互に影響を与え合いながら，子どもの発達に影響していると考え，それを生態学的システム理論によって説明しました。子どもに影響を与える要因は，①マイクロシステム，②メゾシステム，③エクソシステム，④マクロシステムという四つに整理することができると考えられています（図1-1-1）。

　①マイクロシステムとは，四つのシステムの中で，一番内側にある環境のことです。例えば，子どもと親（家庭），子どもと保育園など，子どもと直接的に関わる対象や場所との相互関係を表しています。

　②メゾシステムとは，子ども自身が直接関わる複数のシステム同士の相互関係を指しています。例えば，子どもの親と祖父母の関係や，親と保育園の保育者との関係などがこれに当たります。

　③エクソシステムは，子ども自身とは直接関連していないものの，他の人を介して子どもやマイクロシステムやメゾシステムに影響を与える関係性のことを指しています。例えば，子どもの親が働く職場などがこれに当たります。親が職場のなかで，子育てに対する理解を得て，同僚と良い関係性を築いている場合，子育てに対する負担感は低くなることが予想できるでしょう。

　④マクロシステムは，①から③までのシステムの背景にある社会の慣

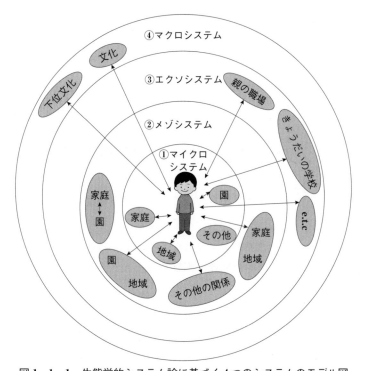

図1-1-1　生態学的システム論に基づく4つのシステムのモデル図

出所：エデュカーレ スタッフブログ，http://ikuji-hoiku.net/educare_wp/
staffblog/1905.htmlhoiku.net/educare_wp/staffblog/1905.html（2023年 6
月6日閲覧）をもとに筆者作成。

習や文化などを指します。例えば，現代の日本においては，両親が共働きの場合，子どもは保育園や認定こども園へ通い，両親のいずれかが働いていない場合には，幼稚園へ通うことが一般的です。しかし，こうした社会的な慣習は，日本の文化やこれまでの社会的な制度があって成立しており，子どもの生活に間接的に影響を及ぼしているものといえるのです。

4　なぜ生涯発達の視点が，子育て家庭の支援に必要か

エリクソンのライフサイクル理論で示されたように，家族の成員それぞれが生涯発達のどの時期にいて，どのような発達の課題を持ちうるのかを考え，それぞれの課題を克服していくための支援の手立てを考えていくことが子育て家庭を理解し，支援する上で大切になります。

また，生態学的システム理論で説明したように，子育てという営みには，家族の成員が置かれているそれぞれの環境や成員同士の関係性が直接的・間接的に影響を与えているのです。それに加え，その家族が暮らしている社会や文化の慣習や価値観のような大きなシステムもまた子育

てに影響を与えています。子どもが育っていくなかで，子どもとそれ以外の家族の成員がどのように相互に影響を与えうるのかを考えていくことが，子育て家庭の理解と支援に必要となります。次節以降は，各発達の時期における子どもや家族の理解を深め，それが子どもの発達や子育てにどのように影響を与えるのかを考えていきましょう。

　第2節では，妊娠・出産期における胎児の時期と乳児期における発達について述べ，親の子どもや育児に対する意識について解説します。第3節では，幼児期と学童期における発達の特徴と発達上生じうる課題について述べます。第4節では，青年期の子どもの発達の特徴について述べ，青年期に起こりうる様々な課題や精神保健について解説します。第5節では，成人期と老年期における発達の特徴と，それぞれの時期における課題について紹介します。

【Work】

＊巻末（p. 170）に，本節のまとめとして【ワークシート1-1】を掲載しています。探究的に課題に取り組み，幅広い視野を得て，さらに学びを深めましょう。

参考文献

Erikson, E. H.（1950）*Childhood and Society* W. W. Norton.（エリクソン，E. H., 仁科弥生（1977）『幼児期と社会1』みすず書房）.

U. ブロンフェンブレンナー，磯貝芳郎・福富護訳（1996）『人間発達の生態学──発達心理学への挑戦』川島書店.

妊娠・出産期，乳児期の発達

　妊娠や出産は，家族，特に母親となる女性にとって大きなライフイベントです。また，出産後の子育てにおいては，乳児の成長や発達に応じて，親としての喜びや悩みも増えるでしょう。本節では，胎児期と乳児期における子どもの発達的特徴をまとめ，妊娠から出産，乳児期の子育てへと移り変わっていく親の意識についてお話ししたいと思います。

〈エピソード〉Ｘちゃんの変化とお母さんの悩み

　Ｘちゃん（9か月）のお母さんは，Ｘちゃんの子育てに悩んでいます。Ｘちゃんは生まれた頃から寝つきが悪く，ウトウトしていてもベッドに寝かせると起きてしまうため，お母さんが夜中抱っこをし続けることもあるほどです。そして 8か月になった頃から，Ｘちゃんは知らない人に敏感になり，街中ですれ違う人と目が合うだけでも大泣きしたり，お家でもお母さんが少しでも離れると大きな声で呼び，ハイハイで追ってくるようになりました。

　思い返すとＸちゃんの妊娠中は，つわりも軽く，Ｘちゃんは順調に大きくなりました。お母さんはお腹のなかで活発に動くＸちゃんによく話しかけたものです。Ｘちゃんを産んだ後，お母さんは，理想の子育てと現実とのギャップに泣きたくなることもしばしばです。

　子育て支援センターで出会った同じ月齢のＦちゃんのお母さんに，悩みを打ち明けてみましたが，「うちの子はすぐに寝てくれて，朝まで起きないんだよね。初めての場所や人にも好奇心旺盛でニコニコしてるから……。」と言われ，モヤモヤとした気持ちを抱えたまま，子育て支援センターの支援員に相談しました。

【**Work**】事前学習

○あなたは，乳児（1歳半頃まで）と関わったことがありますか。その子どもと自分との関係性を書いてみましょう。また，その乳児のあなたへの反応や関わりを思い出して，書いてみましょう。

_____

_____

_____

_____

1　妊娠・出産期の胎児の成長と発達

1　胎児の成長

　ここではまず受精から出産までの妊娠期の胎児の成長や発達について

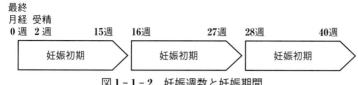

図1-1-2　妊娠週数と妊娠期間

出所：菅野幸恵・塚田みちる・岡本依子（2010）『エピソードで学ぶ赤ちゃんの発達と子育て──いのちのリレーの心理学』新曜社をもとに筆者作成。

みていきましょう。妊娠期は通常，最終月経がはじまった日を0週0日と考え，40週0日までを標準として考えます。本節では図1-1-2のように，妊娠期間を前期，中期，後期の三つに分けて胎児の成長を説明します。

妊娠初期では，頭，目，耳，腕，足のような全身が形成され，内臓器官や脳神経が作られていきます。心臓は最初に確認される臓器の一つで，受精からおよそ21〜28日頃に拍動をはじめます。妊娠初期の終わりとなる15週の頃の体長は約12 cm，体重はおよそ110 gとなっています。

妊娠中期になると，頭部以外の体の発育が進み，胎児は発育した四肢を活発に動かすようになります。この時期までに重要な発達の段階を終え，中期の終わりとなる27週の頃には，体長25 cm，体重1,000 gほどに成長します。専門的な医療補助があれば，子宮外での生存も可能となり，早産などによる未熟児も育つことが多くなります。

性別は遺伝的には受精時にすでに決定され，精巣や卵巣などの生殖器官の成長は妊娠初期から始まっていますが，超音波診断などで性別が判別できるようになるのは妊娠中期の頃からです。こうした生殖器官の違いに基づく性の分化は，第一次性徴と呼ばれ，胎児期に完成しています。

妊娠後期には，胎児は出生に向けてさらに体重を増やしていきます。妊娠中期の終わりには1,000 gだった胎児の体重は，後期の期間に約2,000 gも増え，40週には体長約45 cm，体重3,000 gとなります。脳神経の発達に伴い，感覚器官が成熟し，哺乳したり，親の声を聴き分けたりするような子宮外での生活に備えるための行動パターンを準備するようになります。

2　胎児の感覚機能の発達

皮膚感覚（触覚），視覚，聴覚，味覚，嗅覚のような感覚器官は，胎児期からすでに発達を始めており，それによって出産後すぐから機能することができるようになっています。特に，皮膚感覚（触覚）の発達は早く，妊娠初期から唇や口の周辺に刺激があるとそれに対して反応する

様子が超音波検査などによって観察できます。また，妊娠後期には唇の周りを刺激すると，そちらに顔を向けたり，指を吸ったりするような動きが胎児に見られます。こうした動きは，生後には口唇探索反射や吸啜^{きゅうてつ}反射と呼ばれ，外界に適応するための行動が胎児期からすでに見られるのです。

味覚と嗅覚が働き始めるのは妊娠中期の頃です。この時期の胎児は羊水を鼻や口から飲み込んだり，吐き出したりするようになっており，羊水の味や匂いを覚えていることや，それらの記憶に基づき，生まれた後の味や匂いに好みが出ることが研究されています。聴覚に関しても妊娠中期から働き始めます。妊婦の心臓の鼓動や声，胎児自身の心音は特によく聞こえているといわれていますが，胎児は羊水に浮かんでいるため，水の中にいる時のようにくぐもった音となって聞こえていると考えられています。

視覚は，感覚機能のなかでも発達が遅く，妊娠後期になって目は光を感じられるようになり，瞬きをしたり，外から妊婦の腹部に強い光が当たると，瞼を閉じたり，顔を背けたりする反応が見られることがわかっています。

2　妊娠・出産期における親の意識変化

1　妊娠に気付くきっかけ

女性が妊娠に気付くきっかけとして多いのは，月経の遅れや体温の変化，熱っぽい，吐き気がするなどの体調の変化であり，妊娠4〜5週頃には多くの人が妊娠に気付いていきます。特に，つわりと呼ばれる一過性の吐き気，嘔吐，食欲不振，食嗜変化などの消化器症状は，妊婦の約50〜80％程度が経験するといわれています。^{注1}つわりの症状には個人差があり，エピソードのXちゃんの母親のように，つわりが軽く，大きな体調の変化を感じない場合もあれば，妊娠前の体重から5％以上体重が減少するほどまでに重症化する場合もあり，それを妊娠悪阻[1]と呼びます。多くの場合，つわりの症状は妊娠中期になると収まってきますが，妊娠初期の体調変化によって，妊娠に対する不安やストレスが強くなる場合があります。周囲が妊婦の体調や心理への理解を深め，家庭での家事の分担や職場での業務負担の軽減などのサポートをしていくことが大切になるでしょう。

注1　丸尾猛・武内享介（1998）「妊娠悪阻にまつわる諸問題（産科合併症とその対策）」『日本産科婦人科學會雜誌』50（6）。

▶1　妊娠悪阻
つわりが重症化し，食事摂取が困難になったり，栄養・代謝障害を起こしたりして治療が必要となる状態のこと。妊婦全体の0.1〜1％ほどに妊娠悪阻の症状がみられるといわれている。

2　**妊娠期における親の意識**

　胎児がお腹にいる間，親の意識はどのように変化するのでしょうか。最近の調査では，85％を超える母親・父親が「妊娠することを強く望んで」おり，「妊娠したことをうれしく感じる」「お腹のなかの赤ちゃんをいとおしく感じる」など，妊娠に対してポジティヴな感情を持っていました[注2]。しかし，同じ調査のなかで「出産や子育てに対して不安を感じる」にあてはまるとした母親は50％以上おり，「妊娠生活の中でストレスを感じることがあった」に対しても，あてはまると答えた母親は約65％と，妊娠に関連した不安や制約感を持つ親は決して少なくありません。

　また，妊娠中に妊婦が胎児を意識するきっかけの一つとなるのが胎動です。妊婦が胎児の動きに気付くのは，一般的に妊娠中期の頃といわれ，ちょうど胎児が四肢を動かすようになる時期と一致します。妊娠後期になると，胎児の足や手の動きを活発に感じるようになることから，妊婦は胎児を「人間の赤ちゃん」として認識するようになります。お腹で動いている胎児に対して話しかけることが増えたり，胎動を胎児からの何らかのメッセージとして様々に意味付けたりするようになります。まだ直接顔を見たり，抱っこをしたりすることはできませんが，妊婦は妊娠中から自分とは異なる存在として胎児とやり取りし，つながりを感じ，生まれてくる我が子との対面に期待をふくらませるようになるのです。

3　**妊娠期のハイリスク要因**

　胎児の成長や胎動を感じることが，親の妊娠に対するポジティヴな受け止めにつながる一方で，妊娠にリスクとなる要因は，出産や産後の子育てに対する不安を高めることがわかっています。妊娠・出産期のハイリスク要因としては，妊娠時の年齢（青年期での妊娠や高齢での妊娠）や身長・体重などの身体的特徴，妊娠中の飲酒や喫煙の嗜好，流産の経験や母体に合併症があることなど，実に様々なものがあります。特に妊娠初期は外部からの影響を受けやすい時期で，薬物やレントゲンなどが胎児に影響を与えます。

　また，妊婦が長期にわたって大量に飲酒し続けると，胎盤を通してアルコールが胎児に届き，身体や神経系などに発育障害を引き起こします。妊娠中の喫煙は，胎児の成長だけでなく，生後にも影響を及ぼします。喫煙している妊婦から生まれた乳児は，タバコに含まれる有害物質のため呼吸機能に障害が出やすく，乳幼児突然死症候群（SIDS）[▶2]による死亡率が高くなるといわれています[注3]。

注2　東京大学大学院教育学研究科附属発達保育実践政策学センター（Cedep）・ベネッセ教育総合研究所（2018）『乳幼児の生活と育ちに関する調査2017』ベネッセ教育総合研究所。

▶2　乳幼児突然死症候群（SIDS：Sudden Infant Death Syndrome）
それまで元気だった赤ちゃんが事故や虐待，窒息などの原因ではなく，眠っているあいだに突然死亡してしまう病気のこと。生後2か月から6か月に多いが，稀に1歳以上でも発症することがある。SIDSの原因は明確にはなっていないが，うつぶせ寝や妊娠期からの喫煙，また生後の家族の喫煙などが発生率を高める要因であることが明らかになっている。

注3　村上直樹（2004）「胎児に害があるアルコール，タバコ」無藤隆・岡本祐子・大坪治彦編『よくわかる発達心理学』ミネルヴァ書房。

4　出産後の親の意識変化

　出産後に母親の心身の状態が回復するまでの産後 6 〜 8 週間ほどの期間を産褥期と呼びます。この産褥期は，出産による胎盤のはがれや子宮の収縮が起こり，切開傷や消耗した体力を回復させていく時期にあたります。多くの場合，並行して授乳やオムツ替え，寝かしつけなどの新生児の世話も始まるため，母親の心身に負担がかかりやすくなる時期です。

　心理的な面においても，出産という大きな出来事を経験したことや，急激な女性ホルモンの低下により，マタニティブルーズと呼ばれる症状がみられることがあります。マタニティブルーズは，産後数日から 2 週間程度の間に見られ，ふいに涙が止まらなくなったり，イライラしたり，落ち込んだりする症状のことです。人によっては，情緒が不安定になったり，眠れなくなったり，集中力がなくなったり，焦るような気持ちになったりします。多くの場合，症状は一過性であり，産後10日程度で軽快するといわれていますが，マタニティブルーズが長引く場合に，産後うつ病に移行することもあります。[注4]

5　妊娠・出産期からの子育て支援の重要性

　ここまで見てきたように，妊娠や出産は，母親となる妊婦やその家族にとって，それまでの生活や意識を変化させる非常に大きな出来事です。特に親にとっては，子どもが生まれることへの期待や喜びを感じられるものであると同時に，妊娠期には制約感や出産や育児に関わる不安など一定のネガティヴな感情を経験するものといえます。しかし，ネガティヴな感情を持つことは多くの親に共通するものであり，周囲のサポートを得ながらその感情といかに向き合っていくかが，その後の親としての意識に影響を与えています。

　調査では，妊娠期間中に，母親自身が，親になることに向けた心身の準備やサポートを得る準備をしておくことが，よりポジティヴな出産経験につながり，さらにその経験が育児開始後の親としての自信につながっていることがわかっています。[注5]しかし現代では，多くの親が乳幼児期の子どもと関わる経験が少ないまま，初めての妊娠や出産をむかえます。妊娠期から育児に関する情報収集を積極的に行い，家族や知人，職場の同僚などに対して自分から妊娠・出産に対する理解やサポートを求めていくことができる人は決して多くはないでしょう。

　こうした現状を踏まえ，家族，とりわけ親に対して，妊娠・出産期から乳幼児期の育児までを見通した「切れ目のない支援[▶3]」の重要性が自治体レベルでもいわれるようになってきました。厚生労働省は，妊娠期か

注4　詳しくは，第 3 章第 4 節を参照。

注5　菅原ますみ「第 1 回妊娠出産子育て基本調査・フォローアップ調査（妊娠期〜 0 歳児期）報告書」ベネッセ総合教育研究所。https://berd.benesse.jp/jisedaien/research/pdf/research06_3.pdf（2023年 6 月 6 日閲覧）。

▶ 3　切れ目のない支援
厚生労働省は，2014年から始まった妊娠・出産包括支援モデル事業において，「地域レベルでの結婚から妊娠・出産を経て子育て期に至るまで切れ目のない支援の強化を図って行くことが重要であり，そのような支援を求める声も高まっている」として，妊娠期からの支援を強調している。妊娠・出産時と出産後に，親子や家庭を支援する場や相談機関が異なることや，育児に関する支援の情報が届かないこと，届いても利用できないことなどが課題として挙げられ，早期からの継続的で，個々の家庭や親の状況に配慮した支援を「切れ目のない支援」としている。なお，厚生労働省母子保健課の調査によると，2021年 4 月現在，全国1741市区町村の子育て世代包括支援センター設置率は92.1％となっている。

ら，出産や育児に関する情報を親に伝え，継続的な支援を提供できるように，2017年から「子育て世代包括支援センター」と呼ばれる支援機関を全国の市区町村に設置することを努力義務としています。こうした機関で，保健師などの特定の専門家から，継続した支援を受けることができる仕組を作るとともに，社会全体が今まで以上に妊娠や出産，育児に対する理解を深めていくことが必要になるでしょう。

3　乳児期の発達的特徴

1　新生児期からの人指向性

　ここからは新生児期（生後〜1か月）と乳児期（1か月〜1歳6か月）の発達的特徴について説明していきます。上述のように，子どもは胎児期からすでに様々な機能を発達させており，誕生後に周囲の世界に適応していくための力を持って生まれてきています。特に，人の刺激に対しては感覚を働かせて，敏感に反応するという特徴があり，これを人指向性と呼んでいます。

　新生児期の特徴としては新生児反射[4]がよく知られています。皮膚感覚への刺激が，探索反射や吸啜反射，把握反射などを引き出す起こすことがわかっています。親が乳児の頬や手のひらをつつくと，新生児は自動的にそちらに顔を向けたり，指を握りこんだりと反応を返しますが，親にはこうした乳児の反応が，親子の気持ちのつながりを感じられる瞬間となります。また，聴覚も胎児期から発達が見られ，新生児期から人の声の抑揚やリズムに合わせて手足をバタバタと動かす相互同期性と呼ばれる反応が生じます。

　一方，視覚は胎児の感覚機能のなかでは最後に発達し，以前には新生児は目が見えない状態で生まれてくると考えられてきました。しかし最近では，焦点を合わせる働きが未発達ではあるものの，焦点の合う距離であれば，模様などの図を無地と区別して見ることができることが明らかになっています。新生児が焦点を合わせられる距離はちょうど大人が新生児を抱っこした時の新生児と大人の顔の距離（約21 cm）であり，特に人の顔のような刺激への注視時間が他の模様よりも長く，注意を向けやすいことがわかっています。

　また，新生児模倣（共鳴動作）と呼ばれる，意図しない模倣が生じることも有名です。研究では，生後数十分しか経っていない新生児であっても目の前の大人が行う口の開閉や舌を突き出すような顔の動きに対して，同じように口を開閉させたり，舌を出したりする行動が観察されま

▶4　新生児反射
身体部位への刺激に対して生じる自動的な反応であり，生まれながらに備わっている行動パターンのこと。新生児反射は，新生児が生存する確率を高め，その後の自発的運動の前段階となる。探索反射とは，頬や口の周辺に触れると，刺激のあった方に頭を回して口を開ける反応であり，授乳時に母親の乳首を探しやすくする役割がある。吸啜反射は唇に触れると，触れられたものを口に入れ，吸う反応であり，哺乳の役割を持っている。把握反射は手のひらの中心あたりを押すと触れられた指を握る行動であり，自発的な把握運動の準備と考えられている。

す。

　こうした生まれた時からすでに備わっている新生児の人指向性が，身近な大人を惹きつけ，養育行動を引き出すきっかけとなっているという理解は大切です。新生児は大人から世話される存在ではありますが，感覚機能や新生児反射のような生まれ持っている力を総動員させて外の世界，とりわけ人とつながろうとしている存在と考えることができるでしょう。

2　アタッチメント形成とその意義

　上述したような，生得的な人指向性を土台に，乳児は大人から世話され，受け止められる経験を通して，アタッチメント（愛着）と呼ばれる特別な他者に対する情緒的結びつき（affectional tie）を築いていきます。[注6]最初のアタッチメントの対象となる特別な他者は，多くの場合は親ですが，養育の中心を担う大人が祖父母や保育者である場合には，その大人が対象となります。

　乳児期の発達において，アタッチメントの概念が重視されているのは，それが乳児の基本的信頼感や自律性の獲得に重要な役割を果たしているからです。基本的信頼感の獲得とは，アタッチメントの対象との関わりを通して，人一般に対する信頼を持つようになることです。図1-2-2に示したように，子どもは不安や恐怖，痛みなどのネガティヴな感情を体験した時に，母親や父親，保育者のようなアタッチメントの対象を避難場所として，泣いて呼んで対象を呼び寄せたり，自ら近づいてくっついたりすることで，ネガティヴな感情を立て直します。そして，アタッチメントの対象によって確実に護られ，自分の感情を立て直す経験を積み重ねることで，人一般に対する信頼の気持ちを持つようになっていきます。そしてこの人一般への信頼感は，乳児期以降もその子どもの人への関わり方の基盤となるものであるため，内的ワーキングモデル（IWM：internal working model）と呼ばれています。

　また，アタッチメントは子どもの自律性の獲得に影響します。図1-2-2のように，子どもは感情の崩れをアタッチメントの対象と一緒に立て直した後には，アタッチメントの対象を安全基地（secure base）[注7]とし，外の世界に積極的に出て，自律的に探索活動を繰り広げていきます。乳児期からこうした経験を積み重ねることによって，子どもは何かあっても必ず護ってもらえるという見通しのもとで，自ら興味・関心を持った物や人に関わり，自分の世界を広げていくのです。

注6　Bowlby, J. (1969) *Attachment and Loss, vol. 1 (Attachment)*, Basic Books.（黒田実郎・大羽蓁・岡田洋子・黒田聖一訳 (1991)『新版　母子関係の理論1──愛着行動』岩崎学術出版社）。

注7　Bowlby, J. (1988) *A secure base: Parent-child attachment and healthy human development.* Basic Books.

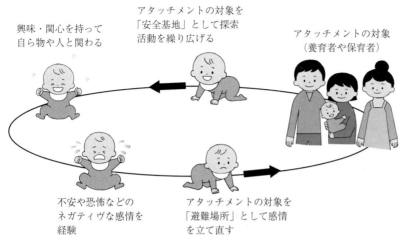

興味・関心を持って
自ら物や人と関わる

アタッチメントの対象を
「安全基地」として探索
活動を繰り広げる

アタッチメントの対象
（養育者や保育者）

不安や恐怖などの
ネガティヴな感情を
経験

アタッチメントの対象を
「避難場所」として感情
を立て直す

図 1 - 2 - 2　子どもの活動におけるアタッチメントの役割

出所：遠藤利彦監修（2022）『アタッチメントがわかる本──「愛着」が心の力を育む』
　　　講談社，p. 10, 22 をもとに筆者作成。

3　アタッチメント行動とその個人差

　エピソードのXちゃんは生後 8 か月頃から，知らない人に対して不安を示す「人見知り」の様子や母親がそばにいないと泣いて，後を追う「後追い」の行動が見られました。こうしたXちゃんの行動は，母親をアタッチメントの対象として他の人とは気持ちの上ではっきりと区別するようになった証拠であり，アタッチメント行動と呼ばれるものです。アタッチメント行動は，乳児にとって，その人のもとで安心して活動したいという気持ちの表れです。親にとっても，子どもから求められていることを感じ，成長の証としてポジティヴに受け止められる場合が多いものです。

　しかし，激しい後追いのような行動が，親にとっては時に子どもから離れられなくなることへの制約感を持つことにもつながります。また人見知りが子どもに強く表れる時期には，外出が気詰まりになり，閉塞感を感じるなど，子育てに対するネガティヴな感情を引き起こすきっかけにもなるものです。

　こうしたアタッチメントの対象に対する行動の表出は，1 歳前後に個人差が顕著になっていくことがエインズワース（Ainsworth, M. D. S.）のストレンジシチュエーション法[5]によって明らかになりました。研究からは親子がいったん離れた後で再会する場面における子どもの行動の観察から，アタッチメントの個人差には以下の四つのタイプがあることがわかっています。[注8]

▶ 5　ストレンジシチュエーション法
エインズワースによって考案されたアタッチメントのタイプを測定する方法。初めての場所で，子どもが見知らぬ人（ストレンジャー）と同室したり，親からの分離や再会を経験したりした際に，どのような反応が見られるかを測定する。エインズワースによって①安定型，②回避型，③アンビバレント型の三つの愛着のタイプが提唱され，その後，メインとソロモンの研究により，④無秩序型の存在が指摘された。

注 8　菅野幸恵・塚田みちる・岡本依子（2010）『エピソードで学ぶ赤ちゃんの発達と子育て』新曜社。

①安定型：親との分離を悲しみ，親がいない間はぐずるが，周囲からの慰めを受け入れることができる。親が戻ってくると積極的に身体接触を求めるなど再会を喜び，気持ちが落ち着くと再び遊び始める。

②回避型：親との分離を悲しんだり抵抗したりせず，親がいないあいだも泣かない。親が戻ってくると，積極的に喜んで迎える行動は見せず，そのまま遊び続ける。

③アンビバレント型：親との分離に際して激しく抵抗する。周りからの慰めも受け入れられない。親が戻ってくると親との身体接触を求めつつも怒りの気持ちを表現するなど，両価的な態度を見せる。

④無秩序型：親との分離や再会が，無関心とも不安とも見分けのつかない，上記の三つのタイプに分類されない型である。このタイプの子どもは，顔を背けながら養育者に接近したり，壁に擦り寄ったりするような行動をする。無秩序型は他の三つに比べると行動が一貫しておらず，方向性も定まっていない。被虐待児や抑うつなどの障がいを持つ親の子どもに多く認められる。

4　乳児における気質の特徴

　上述した1歳頃のアタッチメントの個人差はどのようにして生まれるのでしょうか。その要因の一つに，乳児の「気質」があります。エピソードのXちゃんやFちゃんの姿として紹介したように，乳児の生活リズムの規則性や周りに対する敏感さには違いがあり，それがアタッチメントの個人差にも影響すると考えられています。

　トマスとチェス（Thomas, A. & Chess, S. 1977）は，表1-2-1に示したような九つの水準から，子どもの気質を捉えようとしました[注9]。

　例えば，表1-2-1の九つの水準のうち「④順応性」が低く，新しい環境に対して慣れにくい乳児は，親との分離に対して，強い苦痛や恐怖，悲しみなどのネガティヴな感情を示し，アタッチメントの個人差では「③アンビバレント型」となる場合があります。一方で，新しい環境への順応性が高い子どもの場合には養育者との分離や新しい人や環境にストレスを感じにくいため，「②回避型」のようなアタッチメントを見せる場合があります。

　他の水準も見てみましょう。例えば，エピソードのXちゃんとFちゃんの睡眠時の様子の違いは，生活リズムの「③周期性」という視点で捉えることができますね。トマスとチェスは，こうしたいくつかの水準の組み合わせから，子どもの気質の特徴を「扱いやすい子ども（easy child）」，「扱いにくい子ども（difficult child）」，「エンジンのかかりにくい

注9　Thomas, A., & Chess, S. (1977) *Temperament and development.* Brunner/Mazel.

表 1 - 2 - 1　乳児の気質に関わる九つの水準と類型

次　　元	内　　容
①活動水準	身体運動の活発さ
②接近／回避	新規な刺激に対する積極性／消極性
③周期性	睡眠・排泄などの身体機能の規則正しさ
④順応性	環境変化に対する慣れやすさ
⑤反応閾値	感覚刺激に対する敏感さ
⑥反応の強度	泣く・笑うなどの反応の現れ方の激しさ
⑦気分の質	親和的行動／非親和的行動の頻度
⑧気の散りやすさ	外的刺激による気の散りやすさ
⑨注意の範囲と持続性	特定の行動に携わる時間の長さ／集中性
〈3つのタイプ〉	
「扱いにくい子ども」	新規な刺激に対する消極性＋不規則な身体機能＋ゆっくりした順応＋非親和的行動＋激しい反応
「扱いやすい子ども」	新規な刺激に対する積極性＋規則正しい身体機能＋すばやい順応＋親和的行動＋おだやかな反応
「エンジンのかかりにくい子ども」	最初新規な刺激に対して消極的→やがて積極的＋ゆっくりした順応→やがて順応

出所：菅野幸恵・塚田みちる・岡本依子（2010）『エピソードで学ぶ赤ちゃんの発達と子育て——いのちのリレーの心理学』新曜社，59頁をもとに筆者作成。

子ども（slow to warm-up child）」というタイプに整理しました。こうしたタイプ分けは，ともすると乳児の行動を「できる-できない」，「良い-悪い」と評価的に見てしまう危険性をはらんでいます。しかし一方で，乳児の反応や行動の違いを「その子らしさ」として正しく理解し，その子どもに合った関わりを大人が考えていくときの手がかりとして活用することも可能です。少し大げさにいうならば，生まれた時から子どもはみんな同じではなく，一人ひとりが異なる気質を持った人間であるという理解のために，乳児の気質やそのタイプを知っておくことが大切でしょう。

4　乳児期における親の養育態度とその影響

1　アタッチメントの個人差への影響

　乳児のアタッチメントの個人差を決めるもう一つの要因が，親の養育態度です。例えば，「①安定型」の乳児の親は，子どもからの働きかけに敏感で，無理な働きかけが少ないことや子どもとのやりとりを楽しんでいるなどの傾向があることが知られています。また，「②回避型」の乳児の親は，子どもからの働きかけに拒否的であり，子どもへの微笑みかけや身体接触が少なく，子どもが苦痛を示しているとそれを嫌がる傾向があるといわれています。そして「③アンビバレント型」の親は，子どもの発信に対する応答性が低く，親自身の気分や都合に合わせた応答をす

るため，子どもの発信に対する応答がずれたり，一貫性を欠いたりすることがあるようです。ただし，こうした養育態度の個人差は，親の性格はもちろん，乳児の気質や育児に関する文化や環境の違い，親自身が受けた養育の経験などの影響を受けており，多くの場合，適切な養育の範囲のなかで生じる違いと考えられます。しかし，「④無秩序型」については，子どもが虐待を受けている可能性や母親自身の精神的な障がいの可能性がいわれており，周囲の正しい理解やサポートが求められます。[注10]

2　親の養育態度としての応答性と身体接触

アタッチメントの個人差からは，親がどのように乳児の気持ちに気付き，それに応じて関わるかが乳児のアタッチメントの形成において大切な要因であることがわかります。子どもの動きや表情から子どもの気持ちを受け止め，共感的に応じることを情動調律（affect attunement）と呼びますが，[注11]こうした，乳児の気持ちに敏感に気付いたり，それに応じた関わりをしたりすることには，親による違いが見られることがわかっています。

例えば，母親が乳児の泣きやぐずりなどのネガティヴな発信に対して，「悲しいね」「寂しいね」といった乳児の感情状態を言葉にして応える関わりについては，母親自身のアタッチメントの質が安定している場合に多く見られること，逆に母親自身のアタッチメントの質が不安定な場合には，乳児の感情の発信に対して表情の表出が見られず，子どもの状態に言及しないなどの傾向が示されています。[注12]

さらには，子どもへの身体接触についても親によって違いが見られます。乳児を抱っこしたり，背中をさすったり，母乳やミルクを飲ませたりなど，実に多くの養育行動のなかで，親は子どもに触れ，また子ども自身も身体接触を求めるようになります。子どもの養育に関わる親や保育者が子どもの身体に触れることには，子どものストレスフルな状態を緩和する働きがあり，子どもの情緒的な状態を安定させるといわれています。例えば，乳児と母親との遊びのなかで起こる身体接触，優しくゆっくりと撫でる，抱くといった触れ方を経験することで，乳児の知らない人に対する回避行動が減り，探索活動を積極的に行うようになることがわかっています。[注13]

3　乳児期の子どもを持つ親への支援の大切さ

ここまで乳児期における子どもの発達的な特徴や個人差，そしてそれに関わる親の意識や養育態度についても述べてきました。乳児期の子どもを持つ親の理解のためには，乳児期の発達的特徴を知るだけでなく，

注10　Main, M. & Solomon, J.（1990）"Procedures for identifying infants as disorganized/disoriented infants during the Ainsworth Strange Situation." In M. Greenberg, D. Cicchetti & M. Cummings（Eds.）, *Attachment in the preschool years*, Chicago: University of Chicago Press, pp. 121-160.

注11　Stern, D. N.（1985）"Affect attunement." In J. D. Call, E. Galenson, & R. L. Tyson（Eds.）, *Frontiers of infant psychiatry.* Vol. 2, pp. 3-14. New York: Basic Books.

注12　蒲谷慎介（2013）「前言語期乳児のネガティブ情動表出に対する母親の調律的応答──母親の内的作業モデルおよび乳児の気質との関連」『発達心理学研究』24(4)，507-517頁。

注13　田中友香里（2020）『発達科学から読み解く親と子の心──身体・脳・環境から探る親子の関わり』ミネルヴァ書房。

そこにある個人差を知り，親の抱く育児への難しさや悩みをどうサポートできるかを考えることが必要になります。

　上で述べたことと同様に，乳児の気質の違いは，親の養育行動にも影響し，それがさらに子どもの行動にも影響を与えることがわかっています。例えば，調査からは，「扱いにくい子ども」の母親は，「扱いやすい子ども」を持つ母親に比べて育児ストレスが高くなることが指摘されています。そして，子どもの扱いにくさを親が否定的に感じると，それが養育態度に影響し，子どもは他者に対して攻撃的で反抗的な行動をとるようになることが指摘されています[注14]。一方で，こうした子どもの扱いにくさを否定的に見ることなく周りの大人が受け止め，寛容に関わることができた場合には，子どもの行動はより適応的に変化していきます。親から子どもへの理解や適切な関わりのために，親の相談・支援に携わる職員や保育者には乳児期の子どもに対する深い理解が求められるでしょう。

　また，何らかの理由で家庭内でのアタッチメントが形成されにくい場合には，保育園等において保育者が子どものアタッチメントの対象となり，子どもの基本的信頼感の獲得や自律性の発揮を支えることが大切です。遠藤（2017）では，母親が腰痛のために子どもを抱き上げることが難しく，揺れるベビーベッドで揺すられて育ってきた子どもの事例が紹介されています[注15]。事例では，子どもの担当保育者が不安な気持ちに共感して応え，一対一であやしたり，歌ったり，触れ合ったりと子どもにとって心地よい経験を繰り返すなかで，子どもが安心して生活を送るようになり，意欲的にいろいろなことに向かう姿が報告されました。

　このように，妊娠から出産，そして育児という変化の大きな時期にいる親と子どもの関係を支えるために，周りの大人の役割，とりわけ保育者のような親や子どもの身近にいる大人の役割は多様であり，高い専門性が求められているといえます。様々な親子の関係性を理解し，親が持つ悩みに寄り添い，支えることで，胎児期や乳児期の子どもの発達を支えていくことが大切なのです。

注14　菅原ますみ・北村俊則・戸田まり・島悟・佐藤達哉・向井隆代（1999）「子どもの問題行動の発達——Externalizing な問題行動に関する生後11年間の縦断研究から」『発達心理学研究』10，23-45頁。

注15　遠藤利彦（2017）『赤ちゃんの発達とアタッチメント——乳児保育で大切にしたいこと』ひとなる書房。

【Work】事後学習

○アタッチメントについてより学びを深めたい人は，遠藤利彦（2017）『赤ちゃんの発達とアタッチメント——乳児保育で大切にしたいこと−』ひとなる書房を読んでみましょう。

＊巻末（p.171）に，本節のまとめとして【ワークシート1-2】を掲載しています。探究的に課題に取り組み，幅広い視野を得て，さらに学びを深めましょう。

参考文献

Ainsworth, M. D. S., Blehar, M. C., Waters, E. & Wall, S., (1978) *Patterns of attachment: A psychological study of the Strange Situation*, Erlbaum.

岡本依子・菅野幸恵・根ヶ山光一（2003）「胎動に対する語りにみられる妊娠期の主観的な母子関係——胎動日記における胎児への意味づけ」『発達心理学研究』14(1)，64-76頁.

小野寺敦子（2014）『親と子の生涯発達心理学』勁草書房.

幼児期・学童期の発達

　乳児期の終わりから幼児期にかけては，子どもの発達的変化が著しく見られる頃です。ここでは幼児期を1歳6か月から就学までの時期として，この間に見られる発達的変化を紹介します。特に，子育てにおいて，成長の喜びとも悩みのタネともなりやすい自我の発達や基本的生活習慣の獲得について述べていきます。続いて，就学から12歳頃までの学童期の発達について紹介します。特に，小学校の就学前後は，環境の移行期であり，子どもはもちろん，親にとっても変化の大きな時期といえるでしょう。幼児期から学童期まで，10年間以上に渡る子どもの発達と親の子育てに対する意識と，それぞれの時期に特徴的な不安や悩みについても述べていきたいと思います。

〈エピソード〉もうすぐ小学生！

　保育園5歳児クラスのRちゃんは，6歳の誕生日を迎え，3月の卒園式も間近に迫ってきました。保育園では，Rちゃんは「わたしは○○小学校へ行くんだよ！」と友達と話したり，「1年生になったら…」と歌を歌ったり，小学校に入学することを楽しみにしている様子がたくさん見られます。また，家庭では買ってもらったピカピカのランドセルを背負ってみたり，筆箱から鉛筆を取り出して絵を描いたりと，小学生への憧れの気持ちが強くなっていることがわかります。

　そんなRちゃんの様子を見て，お母さんはRちゃんを育ててきた6年間を振り返り，Rちゃんの成長を嬉しく思う反面，最近，小学校入学後のことを心配するようになりました。例えば，「Rは好き嫌いが多いけれど，小学校の給食を短い時間でちゃんと食べられるのかしら」「好奇心旺盛で，自分のやりたいことがたくさんあるのはいいけれど，先生の話をちゃんと聞いて，45分間も椅子に座って，読み書きができるのかしら」といった心配です。

　そこで，お母さんは，5歳児クラスの担任保育者に「小学校に入る上で，今，Rが身に付けておかなければいけないことは，どんなことでしょうか。今から小学校の準備をするとしたら，どんなことをすると良いでしょうか。」と相談しました。

【Work】事前学習

保育所や幼稚園，こども園と小学校の違いについて考えてみましょう。

①子ども達の生活や遊びはどのように違うでしょうか。

_____

_____

_____

②子どもと保育者・小学校の教師との関係性はどのように違うでしょうか。

_____

_____

③　①と②を踏まえ、幼児期の終わりまでに子ども達にどのような経験が必要か、また幼児期の終わりにはどのような力を身に付けていると良いのかを考えてみましょう。

1　幼児期の発達の特徴

　乳児期から幼児期へと移行していく時期には多様な捉え方があり，学問によって異なっています。発達心理学においては，様々な側面に子どもの変化が著しく現れるおよそ1歳6か月頃を発達の節目（1歳半の節）[1]として，乳児期と幼児期を区別することが多いです。ここでは，幼児期へと移行する時期の1歳半から3歳頃までの時期を幼児期前半，4歳頃から6歳頃までを幼児期後半として子どもの発達の特徴を見ていきましょう。

1　自我の発達と大人との関係の変化

　幼児期前半の1歳半になる頃から，表象が成立することにより，子ども達は自分の思いである「自我」を明確に持つようになります。大人の働きかけに対しても「いや！」「ダメ！」などと伝え，自分のやりたいことや食べたいものなどの思いを表現するようになります。例えば，給食の際，大人からおかずを差し出されても「いや！　ご飯がいい‼」と主張し続けるようになる姿からは，子ども自身が自分の思いにそって，周りの世界から自分の好きなもの，欲しいものを「選び取る」力がついてきたことを表しています。

　さらに2，3歳の頃になり，「自分でやりたい」と，子ども自身が行為の主体となり，手伝ってもらうことや大人からされることを拒否する姿に加え，食べるものや着るものなどに子どもなりのこだわりが現れてきます。この自己主張が強くなる時期を「第一反抗期」と呼んでいます。この時期は時に「イヤイヤ期」や「魔の2歳児（terrible twos）」と呼ばれるように親に対しても強く自我が押し出されたり，思いが叶わないことで，パニックのように泣いたり，気持ちを切り替えることが難しい姿

が増えます。幼児期後半には徐々に落ち着いてきますが，幼児期前半の時期は，子育てにおいて親の忍耐や根気が求められる時期といえるでしょう。

2　基本的生活習慣の発達

　上述した幼児期前半の自我の発達は，子どもが生活に関わる行為を自分で進めていくための原動力にもなっています。基本的生活習慣とは，生活に必要と考えられる身の回りのこと（食事・排泄・睡眠・着脱衣・清潔）を自分で行う習慣のことで，乳幼児期を通して身に付けていくものです。例えば，食事を自分で食べること，洋服やズボンを自分で着ること，トイレにいって排泄することなどが幼児期の基本的生活習慣には挙げられます。しかし一言に「食事を自分で食べる」といっても，咀嚼・嚥下の力の育ちや目と手指の動きを協応させて食器具を使用すること，一定の時間のなかで食べきること，苦手なものがあってもある程度バランスよく偏りなく食べられることなど，その獲得には，様々な発達の側面が関係しており，長期的な視点で子どもの自立を確認していくことが必要になります。

　谷田貝・高橋（2021）は，基本的生活習慣について，0歳から9歳の子どもを持つ親を対象に調査を行い，それぞれの習慣において必要な行動が見られるようになるおおよその年齢をまとめました（表1-3-1）。表からは，それぞれの習慣が乳幼児期の長い時間をかけて積み上げられて自立していくことがわかります。

　谷田貝・高橋（2021）は，2019年と2003年の調査結果を比較し，いくつかの習慣について，以前よりも自立の時期が遅くなっていることを指摘しています。例えば，自分で最後まで食事をとる子どもが全体の70%を超える年齢は，2003年では3歳6〜11か月であったのに対し，2019年では5歳6〜11か月となりました。そして，その割合が6歳11か月になっても100%にならないことから，小学校に入っても給食を自分で食べ終えることが難しい子どもがいる可能性を指摘しています。他にも，夜間のおむつも以前より長い期間使用されていることも明らかになりました。[注1]

　以前よりも基本的生活習慣の自立が遅くなっている理由の一つは，核家族化や少子化の影響から，親自身が乳幼児の世話をする経験が少なく，子どもの発達に合わせて，基本的生活習慣の自立を促していくための関わりが分からなかったり，分かっていても実行することに難しさを感じたりしていることが挙げられるでしょう。加えて，便利な食器具の登場

注1　谷田貝公昭・高橋弥生（2021）『基本的生活習慣の発達基準に関する研究——子育ての目安』一藝社。

表1-3-1　生活習慣の自立に関する目安となる年齢

年　齢	食　事	睡　眠	排　泄	着脱衣	清　潔
1：0	自分から食べようとする コップやスプーンを使いたがる コップで自分で飲む いただきますを言う 好き嫌いがある	パジャマに着替えて寝る 無灯で寝る			毎日風呂に入る
1：6					外から帰ったら手を洗う
2：0	コップでこぼさず飲める スプーンで自分で食べる ごちそうさまを言う	就寝前後の挨拶		ひとりで脱ごうとする	
2：6	箸のわしづかみがなくなる			ひとりで着ようとする パンツを自分で脱げる 靴を自分ではける	
3：0			付き添えばおしっこが自分でできる	パンツを自分ではける 靴下を自分ではける	自分で手を洗う 石鹸を使って手を洗う
3：6	箸を使いたがる	寝間着に着替える 就寝前の排尿	日中のおむつの終了 付き添えば排便が自分でできる	Tシャツを自分で脱げる Tシャツを自分で着られる 衣服の両袖が正しく通せる 帽子を自分でかぶれる	
4：0			自分で排便ができる 就寝前にトイレに行く	前ボタンをかけられる 自分で衣服を脱げる 自分で衣服を着られる	
4：6	スプーンやフォークでこぼさず食べる	昼寝が不要となる	夢中粗相（おねしょ）の消失	前ファスナーを自分ではめられる	汚れた手を自分から洗う
5：0	いつも箸を使う	「おやすみなさい」の挨拶をする	夜間のおむつの終了 排泄後紙で拭ける		いつも自分で歯磨きをする いつも自分で鼻水を拭く
5：6	最後まで自分で食事ができる				
6：0					
6：6	箸でこぼさずに食べられる 箸を正しく持てる		就寝前自分からトイレに行く		自分で体を洗う
6：11までに自立しない項目	箸やスプーンと茶碗を両手で持って食べる	添い寝が不要になる 「おはようございます」の挨拶をする	和式トイレ・洋式トイレのどちらも自分で使える	袖口のボタンを自分でかける 靴ひもなどを蝶々結びにする	言われなくても自分から顔を洗う 毎食後の歯磨き 言われなくても歯を磨く 食事前の手洗い 外から帰ってうがいをする 自分で髪をとかす 一人で風呂に入る 自分で洗髪をする

出所：谷田貝公昭・髙橋弥生（2021）『基本的生活習慣の発達基準に関する研究――子育ての目安』一藝社をもとに筆者作成。

や紙おむつの性能の向上など，子育てを取り巻く環境の変化が影響している可能性も考えられます。自立時期が遅くなっていること自体を問題と考えるよりも，親が感じる生活習慣にまつわる子育ての困難感や不安を理解して，家族や園の協力のもとで子どもの自立を支えていく必要があります。

2　幼児期における親の意識とその支援

1　第一反抗期に対する親の意識

　第一反抗期は，子どもの自我の発達において自然かつ重要なプロセスです。一方で，親が子どもに向き合うことに疲れてしまったり，子どもに言うことを聞かせようと叱ったり，強引に関わることが増えるなど，それまでの子どもへの関わりがうまくいかないことへの戸惑いや葛藤が生じます。また，「自己主張を受け入れるとわがままな子どもになるのではないか」と，親が子どもの成長に不安を持ちやすくなる時期でもあります。保育者は，こうした親の感情に寄り添いながら，子どもの発達にとって第一反抗期の時期が持つ意味や関わりを親に伝えていくことが大切になります。

　神田（2008）は，この時期に大人が子どもの「思い」を受け止めて関わることの大切さを強調しています。例えば，子ども自身が自ら「やろう」と思うまで，大人が時間的な「間」をおいて関わることや，子ども自身が自分で選んだり，決めたりする機会を生活や遊びにおいて作ることが必要となります。[注2]　このことは，大人が子どもの要求通りに何でも叶えてあげるということではなく，子どもが「自分の思いを受け止められた」という感覚を持てるように，「○○ちゃんはこう思ったんだね，わかったよ。」と子どもの思いを言葉にして関わることを意味しています。こうして，子どもは自分の思いを受け止められ，大人から支えてもらいながら，食事や着脱のような基本的生活習慣を自分で進めたり，遊びのなかで自分の力を発揮させたりしていくことが可能になります。また，言葉で自分の思いや気持ちを他者に伝えられるようになり，自己主張の発達が進みます。第一反抗期を経て子どもが大きく成長していくことを，親と保育者が一緒に喜び合える機会が多くなっていくでしょう。

2　基本的生活習慣の自立に対する親の意識

　最近の調査からは，[注3]　全体的に母親の抱く子育てへの負担感や不安感が高まっており，さらには母親自身の生き方に対する考え方についても，

注2　神田英雄（2008）『育ちのきほん──0歳から6歳』ひとなる書房。

注3　無藤隆・佐藤暁子・荒牧美佐子・高岡純子・岡部悟志・持田聖子・酒井晶子・野﨑友花（ベネッセ教育総合研究所 研究員）（2022）「第6回 幼児の生活アンケート調査 ダイジェスト版」ベネッセ総合教育研究所，https://berd.benesse.jp/jisedai/research/detail1.php?id=5803（2023年12月24日閲覧）。

「子育ても大事だが，自分の生き方も大切にしたい」という意識が高まっています。こうした育児への意識変化に伴い，基本的生活習慣の自立に対する関わりを，保育所や幼稚園等での生活に期待したり，頼ったりする親も増えていきています。しかし，上述したように，子どもが基本的生活習慣を身に付けていくためには，子どもの生活の場である家庭と園が相互に協力しながら進めていくことが必要不可欠です。

　例えば，Rちゃんの母親のように，子どもの偏食に悩み，食事を食べさせることに負担を感じている親に対して，保育者は園での子どもの姿を知らせたり，具体的なアドバイスを行ったりする形で連携を図っています。園では，子どもが苦手なものを食べる際に「Rちゃんが食べるの，見ててね」と，食べることを他の保育者や友達，キャラクターなど，だれかに見られていることを強調するような関わりや，「○○みたいなお口でパクッ」など，子どもが何か（かっこいいもの，かわいいものなど）になったつもりで食べるというような働きかけがされています[注4]。さらに偏食に関しては，繰り返し食べる経験や慣れ，味覚・嗜好の変化によって，学童期（6～11歳）から青年期（12～17歳）には嫌いでなくなることが多いと考えられています[注5]。

　以上のことから，子どもの基本的生活習慣の自立においては，乳幼児期以降も継続するという長期的な見通しを持ちながら，子どもが自ら行いたくなるような工夫を保育者と親の間で共有し，子育てに対して親自身が手応えを持つことができるように支えていくことが大切になるでしょう。

3　就学前後の時期における発達とその課題

1　幼児期の終わりまでに育ってほしい10の姿

　エピソードを読んで行った事前学習のワークのなかで，みなさんは，幼児期の終わりまでに，子ども達にはどのような経験や力の育ちが必要と考えましたか。2017年3月に「保育所保育指針」「幼稚園教育要領」「幼保連携型認定こども園教育・保育要領」が改定された際には，就学前の子ども達の具体的な姿として「幼児期の終わりまでに育ってほしい[▶2]姿（以下，10の姿）」が明記されました。10の姿が明記された理由としては，幼児期と学童期との連続的な学びが重視されてきていることにあります。

　例えば，Rちゃんのお母さんが心配事として挙げた「先生の話を聞くこと」や「読み書き」に関わる力は，学童期から突然現れるものではな

注4　河原紀子（2019）「コラム⑥　乳幼児期の食——自我の育ちに着目して」心理科学研究会編著『新・育ちあう乳幼児心理学——保育実践とともに未来へ』有斐閣，130-131頁。

注5　河原紀子（2017）「乳幼児の食行動の発達と偏食」『チャイルドヘルス』20，101-103頁。

▶2　幼児期の終わりまでに育ってほしい姿
　5歳児後半の育ちを「健康な心と体」「自立心」「協同性」「道徳性・規範意識の芽生え」「社会生活との関わり」「思考力の芽生え」「自然との関わり・生命尊重」「数量・図形，標識や文字などへの関心・感覚」「言葉による伝え合い」「豊かな感性と表現」にかかわる具体的な姿として2017年に新たに指針や要領に提示された。

く，幼児期においてもその基礎となる力が育ってきています。これらは，10 の姿においては「言葉での伝え合い」や「数量・図形，標識や文字などへの関心・感覚」に挙げられています。就学前の時期には，コミュニケーションの手段としての言葉はもちろん，読み書き言葉への興味や関心が高まるなど，子ども達の生活や遊びにおいて言葉の発達が大きな役割を果たすようになります。

2　就学前における言葉と自己コントロールの発達

　幼児期後半に入ると，子どもの語彙は1,600語程度まで増え，「いつ，どこで，だれが，何をした」といった語りの様式を獲得していきます。就学前の 6 歳頃には語彙は2,000語を超え，形容詞や助詞，疑問詞などを使いこなしてスムーズなコミュニケーションが可能になります（話し言葉の完成期）。

　加えて，幼児期後半には，言葉そのものの意味や音の構成に対する意識が高まり，「しりとり」や「お話づくり」のような言葉を使った遊びも盛んに行われるようになります。読み書きのための言葉への興味や関心が高まり，自分の名前のひらがなを読んだり，見よう見まねで文字を書いたりする遊びは 5 歳頃の子ども達に多く見られる姿です。そして，こうした言葉の音への意識（音韻意識）が高まることで，ひらがなの読みは一度に進んでいくことが明らかになっています。^{注6}

　さらには，言葉がコミュニケーションの手段としてだけでなく，思考の手段としても機能するようになります。例えば，幼児期後半には，「なんで手を洗うかというと…」と理由を捉えて行動したり，遊んでいる時にも「次はこうして…，それから…」と独り言を呟きながら，計画的に手順を進めていったりするような姿が見られます。こうした自分に向けられた言葉は「内言」と呼ばれており，言葉が思考の道具や自分の行動のコントロールに使われ始めた証拠です。例えば，「ちょっと難しいことでも，できるようになりたいから，がんばろう」や「友達と楽しく遊ぶために，ルールを守ろう」と心のなかで自分を励まし，自分にとってより良い行動を身に付けていこうとする自己コントロール^{▶3}の力を発揮する上で「内言」の発達は大切です。

3　就学前後の時期における課題

　幼児期から学童期の移行について，慣れ親しんだ保育園や幼稚園，こども園から小学校という環境の変化を経験し，慣れていくまでの移行期間には様々な課題が生じることがあります。1990年代以降，小学校 1 年

注 6　天野清（1999）「子どものかな文字の読み書き習得における音節分析の果たす役割——大六一志著論文（"心理学研究" 1995, 66, 253-260）に対する反論」『心理学研究』70（3），220-223頁。

▶ 3　自己コントロール
二つの相反する欲求が対立する時（例えば，鬼ごっこでタッチされたくないけど，ルールを守らなければいけないなど）に，自分にとってより良い目標を追求するために気持ちや行動を調整する力のこと。

生の子ども達に基本的生活習慣が身に付いておらず，自己コントロールが育っていないなどの課題から，教師の話が聞けずに授業が成立しないという様子が「小一プロブレム」として報告されるようになりました。小一プロブレムが起こる理由として，保育所や幼稚園等においては，遊びの体験から総合的に学ぶのに対し，小学校では教師の行う教科ごとの授業から学ぶという学習方法の変化や，登下校中の仲間との関わりや給食の時間といった生活面での適応の問題が指摘されています。

　こうした現状に2022年度より，3年間を通して幼児期の5歳児の1年間と小学校1年生の1年間をつなぎ，連続性のあるカリキュラムにしていこうという「幼保小の架け橋プログラム」の開発が進められています。幼児教育から小学校への接続について考える際には，幼児期の学び・育ちを小学校での学習へとつなぐことの重要性が指摘されており，5歳児の時期に小学校との接続を考えるカリキュラムを「アプローチカリキュラム」，小学校1年生においては「スタートカリキュラム」と呼ばれています。

４　就学前後の時期における子育て支援の重要性

　保育所や幼稚園，こども園での生活から，小学校への就学という環境の変化は，子どもだけではなく，親にとっても大きな変化と移行を伴うものです。エピソードのRちゃんの母親のように，親はこの時期，「座って，静かに先生の話を聞くこと」や「文字や数字が読め，それを書くことができること」といった目に見えやすい行動を子どもがどの程度できるかを気にするようになります。そのため，就学前の時期になると，「イスに座らせてほしい」，「字を練習させてほしい」などのように，園での生活や遊びのなかで，小学校の生活に必要となる具体的な行動を練習することを求める親は多くなります[注7]。最近の調査においても，幼児期に「文字や数を学ぶこと」が親の意識において重視され，「文字や数をできるだけ早くから教えるのが良い」という意識が高まっています[注8]。

　エピソードのRちゃんの母親のように「小学校で，子どもがちゃんとやれるだろうか？」という親の不安は当然のこととして受け止めつつ，園では親に対して，日々の保育が子どもの育ちに持ちうる「意味」や「価値」を伝えていくことが必要になります。そのためには，まずは保育者自身が，幼児期の生活や遊びを通した子どもの学びを具体的にわかっていること，そして，幼児期と学童期の子どもの学習様式の違いを理解していることが大切です。

　例えば，保育所や幼稚園等においては，小学校の授業のように先生の

注7　長瀬美子（2015）『幼児期の発達と生活・あそび』ちいさいなかま社。

注8　前掲注3。

話だけを集中して聴くような機会は多くはなくても，日々の活動のなかでは，クラスの保育者と子ども達が，一週間の遊びの計画を立てたり，役割分担をしたりと話し合いを行うことが多くあります。話し合いを行うなかで，自分の意見を皆の前で話したり，他者の意見に耳を傾け，自分の意見との共通点や相違点を感じたりする機会は多く設けられているでしょう。親に対してもこうしたクラスでの話し合いのプロセスを伝え，子どもが他者の意見にも思考をくぐらせることで，自分の考えを調整する力が育っていることを示していくことができるでしょう。

　また，幼児期においては，自分の意思で行動をコントロールする力は芽生えたばかりです。幼児期の自己コントロールは，子どもが興味を引かれ，「楽しい」や「必要」と感じた遊びや活動において，「竹馬に乗れるようになるまで頑張りたい」という粘り強さや，「発表会をみんなで一緒に成功させたい」と仲間と協力し，折り合いをつけていく力として発揮されるものです。こうした活動のもとで，10 の姿における「自立心」や「協同性」が育まれていきます。幼児期の発達的な特徴を理解せずに，小学校と同じような教科教育を実施しても，効果が薄いだけでなく，不要な苦手意識や競争意識と，小学校以降の学習に対するネガティヴな先入観を作り出すことになってしまいます。

　5 歳児クラスの一年間は，子どもが自分の持っている力を十分に発揮できるような活動を経験し，そのなかから学びを得て，自信をつけて学童期へと向かっていく時期であり，「学校に行って困らないように」ではなく，「自信と期待を持って学校生活に向かえる」心身の状態をつくることが必要であるといわれています。[注9]　そのためには，園の生活や遊びにおいて，自分の興味を持ったことに繰り返し挑戦し，試行錯誤したうえで成し遂げられる経験や，仲間と意見を交わし合い，時にぶつけ合いながらも協力し，一つの目標に向かう経験が幼児期においては重要であるといえるでしょう。

注9　前掲注7。

4　学童期の発達的特徴

1　勤勉性 対 劣等感

　学童期に入ると，子どもは，幼児期までの家庭中心の生活から一歩踏み出し，自ら学校や近隣社会に関わるようになっています。そしてそこで，技術や勉強を学び，それを身に付けることに気持ちを専念させていくようになります。エリクソンは，この時期を「勤勉性」と呼び，遊びのように思いのまま自由に振る舞うのではなく，忍耐強く真面目にコツ

コツと積み重ねていくことを学ぶことと考えました。もちろん，学校での勉強だけでなく，スポーツや習い事に一生懸命関わっている姿は実に生き生きとしており印象的です。そしてこの勤勉の時期に，技術の習得や勉強に専念することによって次の発達段階である青年期のアイデンティティの確立につながっていくと考えられています。

　文部科学省においても，学童期（小学校入学以降）を「自覚的な学びの時期」と捉えています。報告書では，「学ぶということについての意識があり，集中する時間とそうでない時間（休憩の時間等）の区別がつき，与えられた課題を自分の課題として受け止め，計画的に学習を進めることであり，小学校における各教科等の授業を通した学習がこれに当たる」と述べ，幼児期における遊びにおいて総合的に育んだ「学びの芽」を土台に，学習において力を発揮させることが期待されています[注10]。

　一方で，学童期の子ども達は，自分の勉強や技術に対し，「上手-良い」「良い-悪い」といった評価を他者から受けたり，子ども自身も自分と他者を比べたりする機会が多くなります。そのため，一生懸命行ったことがうまくいかなかったり，人がより優れた得点を取っていたり，親から「何をやってもダメ」というような言葉がけをされると，劣等感をより強く感じやすくなると考えられます。以下では，学童期のなかでも特に9，10歳頃の変化に焦点を当てながら，学童期の変化について述べたいと思います。

2　自己理解の変化

　幼児期の終わりから学童期のはじめ頃には，自分の特徴を言葉で表現しはじめます。調査によると，「～ちゃんは自分のどんなところが好き？（または嫌い？）」「～ちゃんはどんな子かな？」の質問に対し，5歳児では，「かわいい」といった自分の身体的な特徴や外見などを答えることが多いのですが，4年生（平均年齢10歳1か月）では，「よくしゃべる」「勉強ができる」などの行動面の特徴や，「元気」「やさしい」「不真面目」など性格について答えることが増え，自分の特性を表す言葉のバリエーションが豊富になっていきます。また，同調査において4年生は，自分の肯定的な側面（好き・いいところ）よりも，否定的な側面（嫌い・悪いところ）への言及が増えることがわかっています[注11]。この傾向は，小学校の中学年以降，「今の自分が好きだ」に対し，「あまり思わない・全く思わない」の回答が増え始め，6年生では約4割になるという調査結果とも重なります[注12]。

　こうした変化の理由としては，子どもの他者一般との比較が客観的で

注10　文部科学省　幼児期の教育と小学校教育の円滑な接続の在り方に関する調査研究協力者会議（2010）「幼児期の教育と小学校教育の円滑な接続の在り方に関する調査研究協力者会議（報告）」。

注11　佐久間路子・遠藤利彦・無藤隆（2000）「幼児期・児童期における自己理解の発達——内容的理解と評価的側面に着目して」『発達心理学研究』11(3)，176-197頁。

注12　国立青少年教育振興機構　青少年教育研究センター（2019）『青少年の体験活動等に関する意識調査報告書 平成28年度』。https://koueki.net/user/niye/110356474-7.pdf（2023年12月24日閲覧）。

正確になったことや，自分に対する理解が「勉強が苦手」といったように ある程度まとまりのある形になっていくことが挙げられます。また， 女児においては，中学年頃からの第二次性徴が現れ始めます。身長が急 激に伸び，初潮をむかえ，身体つきも変化していきます。こうした変化 の起こる時期を「思春期」と呼びますが，女児の方が男児と比較して， 第二次性徴の始まる時期は平均して早く，しかも第二次性徴に対して否 定的な感情を持ちやすいといわれていることも理由の一つでしょう。

3　仲間関係の変化

　小学校の低学年のうちは，幼児期後半の特徴を残しており，物理的な 距離の近さや好きな遊びが同じといった理由で「仲良しであること」を 捉えていることが多くあります。また，自分に優しくしてくれる相手を 「友達」と捉えるといった姿もあります。小学校に入学して間もない間 は，これまでの保育所や家庭での経験による遊び方の違いや，わざと・ わざとではないといった思いのすれ違い等を理由とするいざこざも多く 起こりやすい時期です。

　中学年頃になると，「ギャング・エイジ」[3]と呼ばれるように仲間との 関係が密になっていきます。大人から言われることより，仲間との約束 事やルールを大切にするようになっていきます。「大人はずるい」と いった大人に対する口ごたえも，大人の行動や考えを子どもなりに正し いかどうか確認する目が育ち，「他律的な判断」から「自律的な判断」 へと判断基準が変化していくからこそ生じる変化です。「ギャング・エ イジ」の時期の子ども達は，仲間との秘密や約束事を重視し，排他的に なるという特徴があります。同年齢の集団の中で，役割を持つ責任感や 社会的ルールを学ぶ重要な機会でもあります。

　また，こうした仲間関係を通して，集団内でのそれぞれの立場の違い や感じ方の違いをより多様に理解できるようになっていきます。8，9 歳頃からの中学年以降になると他者の考えや気持ちなどの内面について も状況から推測し，言及する段階へと変化していきます。さらに，高学 年になると，他者の複雑な気持ちの理解や，複数の人の立場から一つの 出来事について考えられるようになり，その場において一番良い方法を 考えようとするようになります。

4　学童期の発達と関係した課題

　年齢では9歳頃，学年では小学校3年生頃には，認知的な発達変化に 伴い，学習において形式的，抽象的な思考が必要となってきます。脇中

▶3　ギャング・エイジ 小学校の中学年頃に，子 どもたちが集まって遊ぶ集団 をギャング・グループと呼 び，ギャング・グループが 形成される時期をギャン グ・エイジという。ギャン グ・グループの特徴は，閉 鎖性が高くグループ以外の 子どもや大人に対して排他 的であること，グループ内 の役割分担が進んでいるこ とが挙げられる。

表1-3-2　言葉や思考の違い

小学校3年生頃まで	小学校4年生頃以上
生活中心の学習	基本的教科の学習
具体的な思考	抽象的な思考
話し言葉中心	書き言葉中心
言葉を覚える学習	言葉を使って考える学習
直接経験学習	間接経験学習

出所：脇中起余子（2009）『聴覚障害教育これまでとこ
れから――コミュニケーション論争・9歳の壁・障害
認識を中心に』北大路書房，127頁をもとに筆者作成。

（2009）は，表1-3-2のように，小学校の3年生頃までと，小学校4年生頃からでは，学習に求められる思考や言葉の様式も異なることを示し，それによって学習に対してつまずきが起こりやすくなると説明しました[注13]。「9，10歳の壁」と呼ばれるように，学習や自己理解，対人関係，基本的生活習慣などにおいてつまずきが大きくなる時期といわれています。こうしたつまずきが起こるのは，これまでは学習において丸暗記で対応できたことが，国語では文章全体の構成を捉えて読む，算数では公式を当てはめて考えるといった応用する力が必要になるためです。

　学習面でのつまずきが，自己評価の低下を招いていることを考えると，子どものつまずきを親が理解し，子どもの学習に対して環境を整えることや教師への相談などを通して支えていくことが必要になるでしょう。小学校においても抽象度の高い問題だけでなく，教師が具体的な説明を行ったり，子どもが実際に見て触れたり，動かしてみたりすることを通して，実感を伴って理解できるような授業づくりが求められます。さらには内省的な思考を促す関わりなどを行うことで，子ども自らが考え，学ぶための土台作りも大切になるでしょう[注14]。

5　学童期の子どもの親の意識とその支援

　小学校の中学年頃になると，子ども達は仲間との関係を強めていき，また認知的な発達の中で大人の行動を客観的に考え，疑問を持ったり，否定的に捉えたりすることが多くなっていきます。こうした変化は，子どもが大人からの精神的な自立をいま一歩求めるようになった証といえます。

　赤澤（2016）は，食事や睡眠という生活習慣が，小学校の6年間に徐々に乱れていく可能性が高くなることを指摘しています[注15]。その理由として，低学年から中学年になるにつれて，子どもの活動範囲は広がり，友達との交友関係も活発になること，また，中学年から高学年への移行

注13　脇中起余子（2009）『聴覚障害教育これまでとこれから――コミュニケーション論争・9歳の壁・障害認識を中心に』北大路書房，127頁。

注14　市川伸一（1993）『学習を支える認知カウンセリング――心理学と教育の新たな接点』ブレーン社。

注15　赤澤淳子（2016）「小学生における基本的生活習慣の特徴と変化――食事・睡眠・挨拶・手伝い」『児童心理』1024，49-53頁。

時期は，思春期の始まりの時期でもあり，親によるコントロールから距離を置き始める時期となることが挙げられるでしょう。「子ども部屋が必要な年齢」に 7 歳から12歳頃をあげるなど，親の方でも，子どもを自立させることの必要性を強く感じるようになります。しかし，依然として子ども達の生活は家庭における親を中心とした家族の生活に依拠していることには変わりありません。基本的生活習慣の乱れは，親のストレスとも関連があることが指摘されており，生活上のストレスや仕事の負担が重いと感じている親の子どもでは，そうではない親の子どもと比較して，就寝時間が遅い傾向がうかがえます。

　こうした調査から示されていることは，小学校の中学年においては，親との物理的距離が開く一方で，精神的には親に依存している側面も多いということです。実際は，小遣いの管理や夏休みの過ごし方などについて，親子が話し合うなかで，子どもが自分で決めたことを尊重する機会を作ることが大切になるでしょう。また，親子の約束を守ることができなかった場合や社会的なルールの違反があったときにも，頭ごなしに叱るだけではなく，なぜそれがいけなかったかを考えられるように親が働きかけることや，「失敗」の経験を通してルールの大切さを知らせていくことができます。

　家庭教育における読書活動や生活習慣，コミュニケーションなどを行う体制が作られていくことも必要ですが，親の就労状況によっては，放課後の子ども達の生活を支える役割を親だけが担うことが困難である場合も多くあるでしょう。「放課後児童健全育成事業」という名称で，小学校の後に学童保育に通う子ども達が多くいます。学童保育等，放課後事業においても，支援員から親への支援という視点が重要となるでしょう。親自身も保育所や幼稚園と小学校の違いに戸惑ったり，悩んだりすることが増えていくことが予想されるため，学童保育の支援員においても，子どもの発達の理解やそれを保護者と共有していくことが求められています。

【**Work**】事後学習

①幼児期について理解を深めたい人は，神田英雄（2004）『3 歳から 6 歳——保育・子育てと発達研究をむすぶ　幼児編』ちいさいなかま社を読んでみましょう。

②学童期について理解を深めたい人は，心理科学研究会編（2009）『小学生の生活とこころの発達』福村出版を読んでみましょう。

＊巻末（p. 172）に，本節のまとめとして【ワークシート1-3】を掲載しています。探究的に課題に取り組み，幅広い視野を得て，さらに学びを深めましょう。

参考文献

無藤隆（2022）「保幼小の架け橋に向けて──幼児教育と小学校教育の枠組みを再検討するために」『発達』173, 2-12頁.

野澤祥子（2019）「家庭における子どもの食」秋田喜代美監修，遠藤利彦・渡辺はま・多賀厳太郎編著『乳幼児の発達と保育──食べる・眠る・遊ぶ・つながる』朝倉書店，13-21頁.

第4節

青年期の発達

　学童期の次の時期が青年期です。本節では，身体のこと自分のこと，そして友人関係や親子関係，心の不調などについて理解を深めます。現在青年期にいる方も多いかもしれません。現在青年期にいる方は，ぜひ自分と照らし合わせながら学んでいきましょう。

〈エピソード〉自分の進路に悩むOのケース

　私Oは，20歳，大学2年生。大学の授業やアルバイトにも慣れてきて，毎日忙しいけど楽しい！　だけど，最近悩んでいるのが将来のこと。同じアルバイトをしている短大2年生の友達（U）は，もう就職先の内定をもらっていると聞いて，何だか焦り始めてしまった。今のところ保育士になろうかと思っているけれど，公立とか私立とか全然どちらがいいのかとか分からない。子どもが好きという気持ちで，ここまで進路選択してきたけど，これでよかったのかなぁと最近モヤモヤしてばかりいる。バイト中に，Uに悩んでいることを話すと「私は短大だから早く内定は決まっているけど，でも本当にこれでよかったのかなって思っちゃうよ。だからじっくり悩めるOが羨ましいなと思っちゃう。」と聞いて，そうか，決まっていても決まっていなくても悩むんだなぁと思った。

【Work】事前学習

①Oさんのケースで，あなたが共感した部分はありましたか。あれば，下線を引きましょう。

②あなたには，今やりたいことがありますか。書き出してみましょう。やりたいことがなくても，自分はこれからどんなことをして生きていくのだろうと考えたことはありますか。また，それについて，誰かと話したことはありますか。

_____

_____

_____

_____

_____

1　青年期のからだ

　思春期・青年期に入ると，第二次性徴が始まり，男女ともに身体は大きく大人へと変化していきます。男性なら声変わりや精通，女性なら身体が丸みを帯びて，初潮といった大きな変化が起こります。

図 1 - 4 - 1　日本の平均初潮年齢の推移
出所：日野林俊彦（2013）「第13回全国初潮調査」をもとに筆者作成。

　近年，発達加速現象から，第二次性徴の始まる時期が早くなっている
といわれています。例えば，日本の平均初潮年齢は，1961年には13歳
2.6か月だったものが，2011年には12歳3.3か月と 1 年程度早くなってい
ることがわかっています（図 1 - 4 - 1）。また，第二次性徴の開始は個人
差が大きいといわれています。青年期に生じるこうした変化は，おおむ
ね本人は否定的に受け止めてしまうことが多いといわれています。
　青年期にボディ・イメージが揺らぐ人もいることがわかってきていま
す。第二次性徴による身体的，性的な成熟に動揺し，心理的に適応する
ことが難しい人もいます。また，社会的にも高校や大学などの新しい環
境に適応することに時間のかかる人もいます。このような変化の多い時
期に，青年のボディ・イメージは現実の身体特徴に似たイメージが抱け
ず，マスメディアによって形成された理想のボディ・イメージを達成し
ようとして，過度なダイエットがきっかけとなり摂食障害になってしま
う人もいるのです。

2　青年期の発達課題

　エリクソン（E. H. Erikson）は，青年期に達成するべき課題として，
アイデンティティ確立（Erickson 1959）を挙げました。また，危機とし
てアイデンティティ拡散が挙げられています。エリクソンによると「ア
イデンティティとは，個人が自分の内部に斉一性と連続性を感じられる
ことと，他者がそれを認めてくれることの，両方の事実の自覚である」
とされています。もう少し具体的に説明します。みなさんは，自分自身
である（私である）ということに疑いを持たずに生きていると思います。

表1-4-1　アイデンティティ拡散の特徴

	アイデンティティ拡散の特徴	説　明
1	親密さの問題	人との適切な距離がうまくとれなくなる。
2	時間的展望の拡散	強迫的な切迫感や停滞感，のんきさ。
3	勤勉さの拡散	注意散漫になり，物事に集中できない。
4	否定的アイデンティティ	社会的に望まれない役割や，自分と同じ傾向をもつ団体に傾倒する。
5	同一性意識の過剰	周囲から見られ評価されているということに対する過大な意識がある。
6	選択の回避と麻痺	選択場面での保留と何かを決めなければという焦りがある。

出所：中西信男・水野正憲・古市裕一・佐方哲彦（1985）『アイデンティティの心理』をもとに筆者作成。

それはなぜかというと，昨日もその前も，「私は私であった」からで，さらには明日もその先も，「私は私でいる」だろうと思います。この「私は私である」という確信は，過去・現在・未来の自分が繋がっていること（時間的連続性）を示しており，また，自分が他の誰とも異なる唯一の存在であるという感覚（斉一性）から生じていると考えます。さらに周囲の人（親や友人など）もそのやるべきことについて理解してくれ，それを私は自覚している状態とされています。

　青年期の課題は，とても大変なものです。アイデンティティが確立されなければ，アイデンティティ拡散という状態になるといわれています。アイデンティティ拡散とは，簡単に言えば，自分は何者なのか，何をするべきなのかがわからず，また，それらの問いに対して主体的に取り組むこともせず（できず），途方にくれている状態といわれています。中西ら（1985）は，アイデンティティ拡散の特徴として六つを挙げています（表1-4-1）。

　アイデンティティ発達について理論化したものが，マーシャ（Marcia, J. E.）のアイデンティティステイタスです。マーシャは，青年が自分とは何かという問いについて考えてきたかどうか，自分の目標に向かって積極的に努力しているかどうか（コミットメント）に着目して，青年のアイデンティティの状態を四つの地位に分類しました（表1-4-2）。探求もコミットメントもしていない状態を「拡散」，探求はしていないが自分ではなく親や他人の価値観や信念にコミットメントしている状態の「早期完了」，探求の過程にある「モラトリアム」，最後に探求を経てコミットメントしている状態である「達成」の四つが挙げられています。

表1-4-2　マーシャのアイデンティティステイタスの具体例

アイデンティティステイタス	具 体 例
拡　　　散	将来なりたいことについて，考えようともしていないし，探そうともしていない。
早期完了	親や友人が勧めた仕事や進路にしようとしている。それが本当に良いのかについて悩んだりしたことはない。
モラトリアム	将来なりたいものについて，探しているところ。
達　　　成	将来なりたいことについて，迷ったり悩んだり探すなどした上で，どのように生きていこうか方向が決まっている。

出所：マーシャのアイデンティティステイタスをもとに筆者作成。

3　青年期の親子関係

　第二次性徴などの身体的変化，学校教育への参加などによる社会的変化，抽象的思考の獲得などの心理的変化が青年期の親子関係に影響を及ぼしながら，親と子は新たな関係を再構築していくといわれています[注3]。また，青年期の親子関係には，古いモデルと新しいモデルがあります。古いモデルでは，親からの分離や自律という視点が重視されてきました。よく用いられる表現として，疾風怒濤（しっぷうどとう）があげられます。まるで激しい風が吹き荒れ，大きな波が荒れ狂うようだと青年期を例えていました。しかし，新しいモデルでは，親との情緒的な結びつきである愛着と親からの自律の両方が大切であるとして，親との関係は青年期以降も重要であり続けると考えています。

　このように，近年の青年期の親子関係は葛藤して断絶するような関係性というよりも，つながりを持ち，相互に影響し合うものとして考えられています。

4　青年期の友人関係

　それまでは親子の関係が中心でしたが，青年期に入ると友人との関係が中心になっていきます。青年期の友人関係は，どのような役割があるのでしょうか。その一つに社会化があるといわれています。社会化とは，すでに存在する社会の文化や価値，規範などに適応する過程をさします。

　一方，青年期の友人関係が社会化に果たす機能として，緊張や不安感，孤独感など，生活の中で感じる否定的感情を和らげたり解消したりして

注3　Santrock, J. W. (2012) *Adolescence* (14th ed). New York: McGraw-Hill.

くれる存在としての「安定化機能」，他者との対人関係の基本的な技術を，友人との関係を通して学習する「社会的スキル学習機能」，友人が自分の行動や自分自身を認識するモデルとなる「モデル機能」があるといわれています。[注4]

　また，宮下（1995）は青年期の友人の意義として，以下の三点を挙げています。①自分の不安や悩みを打ち明けることによって情緒的な安定感・安心感を得る（「自分だけではない」という気持ちを持てる）こと，②自分を客観的に見つめることができること（友人関係を通して自分の長所や短所に気がつき，見ることができるようになる），そして，③人間関係が学べること。楽しいこと嬉しいことだけではなく，傷つき，傷つけられる経験を通して，人間として良いこと，悪いこと，思いやりや配慮を学ぶこと，などです。[注5]このように青年期の友人関係は青年期をより良く過ごすうえで，大切なものなのです。

5　青年期の恋愛

　青年期には恋愛関係についても関心を払うことが多くなります。多くの青年は異性に関心を向け，特定の異性と親密な関係（恋愛関係）になりたいと思うようになります。大野（2010）は恋の特徴として，①相手への強い思慕の情，②憧憬（あこがれ），③結晶作用（相手を美化してしまう），④憑執状態（取り憑かれたようにいつも相手のことを考えている），⑤恋に伴う身体的現象（ドキドキしたり，顔が赤くなるなど）という五つを挙げています。このような恋の経験を通して，特定の異性との親密な関係に対する思いが強まり，青年期に入って，恋愛関係の構築に向かっていくといわれています。

　アイデンティティがまだ確立されていない青年にとって，恋愛とは，恋人を通して自分を理解し，アイデンティティを確立しようとする試みであるとされているのです。大野（1995/2010）は，アイデンティティが確立できていない青年が陥りやすい恋愛の特徴を挙げ，それらをアイデンティティのための恋愛と呼んでいます。①相手からの賛美，賞賛を求めたい，②相手からの評価が気になる，③しばらくすると飲み込まれる不安を感じる，④相手の挙動に目が離せなくなる，⑤結果として多くの場合交際が長続きしない，といった特徴があります。これらはいずれも恋愛関係を通して自身のアイデンティティを確立しようとするがために生じる感情や態度とされていますが，それが時には，強い不安や怒り，相手に対する依存や束縛を生むことになるとされています。[注6,7]

注4　松井豊（1990）「友人関係の機能」斎藤耕二・菊池章夫編『社会化の心理学ハンドブック――人間形成と社会と文化』川島書房，283-296頁。

注5　宮下一博（1995）「青年期の同世代関係」落合良行・楠見孝編『講座　生涯発達心理学4　自己への問い直し――青年期』金子書房。

注6　大野久（1995）「青年期の自己意識と生き方」落合良行・楠見孝編『講座生涯発達心理学4　自己への問い直し――青年期』金子書房，pp. 89-123。

注7　大野久（2010）大野久編『エピソードでつかむ青年心理学』ミネルヴァ書房，pp. 82-85。

青年がアイデンティティのための恋愛をしてしまうのは，ひとえにアイデンティティが確立できておらず，自分に自信が持てないためであり，それは結局のところ，恋愛の相手を見ているのではなく，自分自身に関心が向いていて，「自分は愛されたい，でも，相手に愛のエネルギーを使う余裕はない[引用2]」という状態だと思われます。そのために，アイデンティティのための恋愛から抜け出すには，アイデンティティを確立し，自信と余裕を持てるようになる必要があるのです。

このように，エリクソンによるアイデンティティの視点から見てみると，初め青年は自分自身に関心を向けた「自分のため」の恋愛をしますが，お互いにアイデンティティが確立されるにつれて，「相手のため，二人のため」の関係になり，さらには「子ども（次世代を継ぐもの）のため」の関係に発展していくと考えられているのです。

6　LGBTQ／性的マイノリティ

性別には様々な捉え方があり，単純に一つで表せるものではないといわれています。これまでは LGBT といわれることが多く，Lesbian（レズビアン：女性の同性愛者），Gay（ゲイ：男性の同性愛者），Bisexual（バイセクシャル：両性愛者），Transgender（トランスジェンダー：心の性と体の性との不一致）の頭文字をとっています。さらに，自分の性別がわからない，決めていないという Qusetioning（クエスチョニング），や Queer（クィア）[▶3]，アセクシュアル・アロマンティック（他人に恋愛感情を抱かない），X ジェンダー・ノンバイナリー（性自認が男性・女性どちらとも感じる，どちらとも感じない）など，性のあり方には様々なタイプがあります。これらの性的マイノリティ（少数者）の総称として LGBTQ は用いられています。その他，近年では SOGI（ソギ／ソジ）[▶4]という言葉という言葉もあり，まさに多様です。

思春期は，性的な成熟により自分自身の性に関しても意識が強くなるといわれています。また，思春期の急激な体の変化が，自分の体と性別が一致していない人の場合に嫌悪感などを抱くようになり，様々な不適応を引き起こすこともわかってきました。性的マイノリティの人々には，様々な困難がありますが，性自認（自分の性をどのように認識しているかに関する，ある程度持続的な自己意識のこと）や性指向（魅力を感じる性別の方向性）の受容に悩みが生じるとされています。

日本では LGBT 等に該当する人は8.9%[注8]とされ，決して少数ではないことがわかります。認知度は増えているものの，まだ十分に理解されて

引用2　大野久（1999）「人を恋するということ」佐藤有耕編『高校生の心理①──広がる世界』大日本図書，70-95頁。

▶3　Queer（クィア）
もともと「不思議な」「風変わりな」などを表す言葉で，同性愛者への侮蔑語だった。しかし，現代では，規範的な性のあり方以外を包括する言葉として使われている。

▶4　SOGI（ソギ／ソジ）
誰もがそれぞれのセクシュアリティを持っているという考え方で，近年，性的マイノリティの総称として LGBT から SOGI へと代わりつつある。

注8　電通（2015／2020）LGBT 調査。

いない部分も多く，周囲の理解のなさから傷つくことや，生活上困る場面もあるため，まず周囲の人間が正しく理解することが大切です。

　例えば，学校生活などで困難を感じることとして，学校の空間が男女で分けられていることや，基本的に性的少数者がいない前提で発言されることが多いこと，そして，学校などで正しい知識を子どもたちが得られる機会がないこと，身近に相談できる人がいないこと，性的少数者であることをカミングアウトして生活しているようなロールモデル（将来の目標になるような人）が見えないこと，といわれています。幼児期から自身の性に対して違和感を感じる子どももいるため，保育者はもちろん，教育者もこういった困難を持っている生徒がいるかもしれないと意識をすることが大切です。

7　青年期の不適応

　これまで述べてきたように，青年期は自分自身のこと，また友人関係や恋愛関係など，悩みも増えていきます。そのため，それらが引き金となって，様々な不適応が生じやすくなります。

①強迫性障害

　「合理的ではない」「やっても意味がない」とわかっていても，その行為を止めることができないのが強迫性障害です。よくある例としては，自分の手が不潔な気がして，手を何回も長時間洗ってしまうことや，鍵がかかっていないのではないかと気になり，戸締りを何回も確認してしまうといった症状があります。

　周囲が手を洗うことを責めたり，否定したりすることで本人がその行為にさらに「注目」することとなり，回復へと繋がらないことが多くあります。周囲ができる対応としては，実行できていることや，以前よりもよくなってきていることに注目し，気持ちや考え（洗わないと気になって仕方がない，意味がないと思っていても止められないというしんどさ）に寄り添いながら支援していくことが大切です。また，生活に支障をきたす場合には，医療機関や相談機関での治療や支援が必要となることもあります。

②摂食障害

　摂食障害は，主に食べること（摂食）に関する障害です。自分は太っていると思い込み，食べることを極端に拒む，あるいは食べてしまった後に後悔して，下剤を使用したり，吐き戻したりするのが神経性やせ症

（神経性無食欲症／拒食症）です。もしくは，短時間で自分で抑えることが
できないほど大量の過食（むちゃ食い）をする，そのことによって過度な
運動や，吐き戻しをするというのが神経性過食症（過食症）とされます。

　神経性やせ症，神経性過食症ともに，男性よりも女性に多く見られま
す。また，神経性やせ症は10代半ば頃に多く発症するのに対して，神経
性過食症は10代後半〜20代前半に発症することが多いとされています。
摂食障害は，単に体重や食事，栄養の問題ではありません。治療では，
心と体の両面の問題を扱います。もし身近に摂食障害と思われる人がい
る場合には，無理に食べさせたり責めたりすることをせず，正しい情報
を手に入れ，相談するようにしましょう[注9]。

③対人恐怖

　「人の前で何かをしなくてはいけない場面において，不安や恐怖を感
じる」といった精神疾患のことを対人恐怖症（社交不安症）といいます。
人前で話したりする場面で「自分が恥ずかしい思いをするのではない
か」などと不安になってしまい，その結果手が震えたり，緊張したり，
過剰に汗が出たり，腹痛や頻繁な尿意などという症状が出てしまいます。
そして，このような症状が出ることで，人前に出たりすること自体を避
けるようになり，学校に登校できなくなったりすることもあります。全
般的に不安が強く出る場合もあれば，特定の場面で強く出る場合もあり
ます。人前に出るとすぐ顔が赤くなってしまう赤面恐怖や，人から見ら
れていると感じたり，注目されていると感じることで不安や緊張が強く
なってしまう視線恐怖などがあります。

④いじめ

　文部科学省のいじめの定義の一つとして，「児童生徒に対して，当該
児童生徒が在籍する学校に在籍している等，当該児童生徒と一定の人間
関係のある他の児童生徒が行う心理的又は物理的な影響を与える行為
（インターネットを通じて行われるものを含む）であって，当該行為の対象
となった児童生徒が心身の苦痛を感じているものとする。なお，起こっ
た場所は学校の内外を問わない[引用2]」となっています。このように，いじめ
は学校の中だけではなく，インターネットを介したものも含まれています。
　また，いじめは「加害者」であるいじめっ子と，「被害者」であるい
じめられっ子だけで成立しているのではなく，その周囲には「観衆」と
呼ばれるいじめをはやしたて面白がっている子どもと，「傍観者」と呼
ばれる見て見ぬふりをしているものがおり，四層構造をなしていること

注9　摂食障害に関する情報は，「摂食障害ポータルサイト」https://www.edportal.jp/index.html（2023年12月1日閲覧）では，摂食障害に悩む本人や家族などに必要な情報がまとめられている。

引用2　文部科学省（2013）「いじめ防止対策推進法」https://www.mext.go.jp/a_menu/shotou/seitoshidou/1337278.htm（2023年12月1日閲覧）。

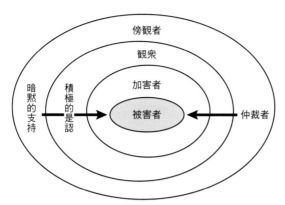

図1-4-2　いじめの4層構造

出所：森田洋司・清水賢二（1994）『新訂版いじめ──教室の病い』金子書房をもとに筆者作成。

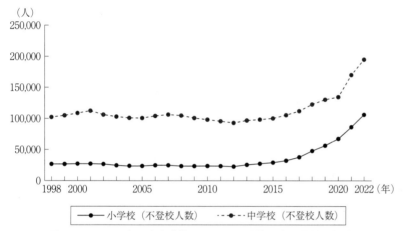

図1-4-3　日本の小中学校における不登校児童生徒数の推移

出所：文部科学省「児童生徒の問題行動・不登校等生徒指導上の諸課題に関する調査」https://www.mext.go.jp/a_menu/shotou/seitoshidou/1302902.htm（2023年12月1日閲覧）をもとに筆者作成。

が指摘されています（図1-4-2）。

　観衆と傍観者の存在は，特にいじめを方向付けることがあるため，集団全体の問題として考えることが大切です。

⑤不登校

　不登校とは，文部科学省は以下のように定義しています。「何らかの心理的，情緒的，身体的あるいは社会的要因・背景により，登校しないあるいはしたくてもできない状況にあるため，年間30日以上欠席した者のうち，病気や経済的な理由による者を除いたもの」

　2022（令和4）年度には小中学校における不登校児童生徒数は19万6,127人にのぼり，過去5年間の傾向を見ても，小中学校ともに不登校児童生徒数は増加しています（図1-4-3）。

　　不登校の理由としては，家庭や学校，自分自身の問題などがありますが，友人関係がうまくいかないことなどがきっかけとなることも考えられます。また，不登校の背景には，家庭の貧困の問題などがあるともいわれているため，本人への支援はもちろん，家庭環境や保護者の状況などにも目を向けていくことが必要となっています。

【**Work**】事後学習

○「4．青年期の友人関係」で紹介した，宮下（1995）の青年期の友人の意義について，特にあなたが「そうだなぁ」と共感したものはどれですか。またその理由も書きましょう。

共感したもの：_____

_____

理由：_____

_____

_____

＊巻末（p. 173）に，本節のまとめとして【ワークシート 1 - 4】を掲載しています。探究的に課題に取り組み，幅広い視野を得て，さらに学びを深めましょう。

参考文献

Erikson, E. H. (1959) "Identity and the Life Cycle", *Psychological Issues.* 1(1), Monograph, 1. International Universities Press.（エリクソン，E. H. 小此木啓吾訳編（1973）『自我同一性──アイデンティティとライフサイクル』誠信書房（エリクソン，E. H. 西平直・中島由恵訳（2011）『アイデンティティとライフサイクル』誠信書房）.

日野林俊彦・清水真由子・大西賢治・金澤忠博・赤井誠生・南徹弘（2013）「発達加速現象に関する研究・その27──2011年 2 月における初潮年齢の動向」『日本心理学会大会発表論文集』日本心理学会第77回大会，公益社団法人日本心理学会，2PM-068頁.

石田仁（2019）『はじめて学ぶ LGBT 基礎からトレンドまで』ナツメ社.

高坂康正編著（2018）『ノードとしての青年期』ナカニシヤ出版.

三成美保編著（2017）『教育と LGBTI をつなぐ──学校・大学の現場から考える』青弓社.

森千鶴・小原美津希（2003）「思春期女子のボディイメージと摂食障害との関連」『山梨大学看護学会誌』2，49-54頁.

中西信男・水野正憲・古市裕一・佐方哲彦（1985）『アイデンティティの心理』有斐閣.

大野久編著（2010）『エピソードでつかむ 青年心理学』ミネルヴァ書房.

白井利明編（2006）『よくわかる青年心理学』ミネルヴァ書房.

成人期・老年期の発達

　本書を読んでいるみなさんの多くは，青年期の学生だと思います。みなさんは，この後，どのような人生を送るのでしょうか。保育現場における保護者は，「成人期」にあたる人たちがほとんどです。もしかするとみなさんは，祖父母の送り迎えで「老年期」の方とも接するかもしれません。その成人期・老年期はどのような発達をたどるのか考えてみましょう。

〈エピソード〉そんなにいきなり言われても……

　6月頃，2歳児C君の送迎に，初めて来たC君のおじいさん。C君のお母さんから園に送るように言われてきたものの，段取りがわかりません。その様子を察知した担任の保育者は，いつものように，「タオルはこちらに掛けて，連絡ノートはこちら，○○は……」と，いつもの朝の準備をざっと一通り説明しました。C君のおじいさんは一生懸命聞いて理解しようとしましたが，途中から顔を真っ赤にして，「そんなに一気に言われてもわからん!!!」と怒りだしてしまいました。

【Work】事前学習

○なぜ，C君のおじいさんは怒り出したのでしょうか。そして，担任の保育者はどう対応したらよかったと思いますか。

_____

_____

_____

_____

_____

1　成人期——社会の一員となる

1　成人期以降の区分とは

　大人になっても私たちは成長・発達し続けます。乳幼児期は，成長や発達が上向きで，様々な能力を獲得していく時期です。児童期や青年期を経て，成人になっても私たちは，新しい場面や立場において，その適応を図るために能力を獲得したり，考え方を変えたりします。このような変化を含めて生涯発達心理学では成人期でも発達し続けていくという立場をとります。では，成人期以降どのような発達があるのか，具体的に見てみましょう。

本章第1節でも出てきたエリクソンの定義によれば，成人期とは25歳あたりから60歳あたりを指し，人生で最も長い期間といえます。とくに20代から40歳あたりまでを成人前期，40歳あたりから60歳くらいまでを中年期と呼びます。しかし，現代では年齢でこれらを区分することは難しくなってきています。青年期のモラトリアムの時期は延伸しており，成人前期のスタートが遅くなっているともいわれています。また，エリクソンが想定していた結婚や出産といったライフイベントの時期が晩婚化・晩産化^{注1}により遅くなってきています。結婚や出産が必ずしも必須ではないのですが，それらを念頭に置いたエリクソンの発達課題なども当初の想定よりずっと遅く体験されることとなる傾向があります。

2　親密性対孤立

　エリクソンの漸成発達理論（心理社会的発達段階論^{注2}）では，成人前期について，親密性対孤立▶1の時期であるという説明をしています。親密性とは，青年期でアイデンティティを確立した成人同士が，互いの異なる部分を認め合いながら他者との関係を築いていくことです。すなわち，職場，家庭，恋愛などの社会生活の中で，他者と親密な人間関係を築くことといえます。一方，孤立とは，自分と異なることを排除し，人との関わりを持たずに，自分の目標だけに没頭する姿を指します。エリクソンの理論では，あくまでも負の要素は悪いものではなく，負の要素を体験することも含めてその時期の発達段階を示しています。孤立の体験により自らの力を高め，孤立を感じるからこそ他者との信頼関係を求める欲求が高まり，親密性が達成されやすくなるのかもしれません。親密性と孤立の対立の解決から現れるものが「愛」です。愛とは，盲目的な恋愛ではなく，成熟した献身の相互性であると考えられています。つまり互いのことを思いやった献身的な愛情が，成人前期に獲得すべき力といえます。

3　キャリア発達

　成人期の重要なライフイベント▶2である結婚や子育てについては別章にゆだね，以下では，成人期の大切な要素の一つであるキャリアの形成について説明していきます。青年から成人への移行期で重要となるものの一つにキャリアの発達があります。キャリア発達とは，社会の中で自分の役割を果たしながら，自分らしい生き方を実現していく過程を指します^{注3}（文部科学省 2011）。
　スーパー^{注4}（Super D. E.）は，ライフ・キャリア・レインボー▶3と呼ばれ

注1　詳しくは，第3章第2節を参照。

注2　詳しくは，第1章第1節を参照。

▶1　親密性対孤立
エリクソンが提示した成人前期の発達課題。獲得される能力は「愛」。

▶2　ライフイベント
人の暮らし方や生活環境に変化をもたらし人生に影響力を与えるものとなるような何らかの刺激状況やできごとのこと。

注3　文部科学省（2011）「今後の学校におけるキャリア教育・職業教育の在り方について」17頁。

注4　Super, D. E. (1990) "Alife-span, life-space approach to career development." In D. Brown, L. Brooks, & Associates. Career Choice and development 2nd ed., Jossey-Bass.

▶3　ライフ・キャリア・レインボー
職業人としてだけではなく，家庭，教育，余暇などを含み，人生全般に関係するキャリアのこと。「ワーク・キャリア」という考え方もあり，職業に対する意識や態度，仕事選びなど仕事人としての生き方に関連するものを指す。

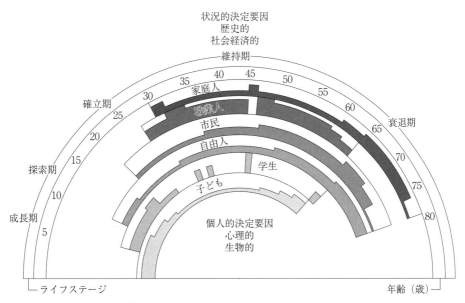

図1-5-1　ライフ・キャリア・レインボー

出所：金井篤子（2012）「職業生活」高橋惠子・湯川良三・安藤寿康・秋山弘子編『青年期〜後期高齢期——発達科学入門3』東京大学出版会, 105-117頁.

る模式図を示しています（図1-5-1）。スーパーによると，人が，人生の中で果たす役割は，「子ども」「学生」「余暇を過ごす自由人」「市民」「職業人」「家庭人」など少なくとも六種類あるとしています。図の中で，黒く塗られている部分はそれぞれの時期に各役割に費やした時間やエネルギーを表しています。求められた役割をうまく果たして満足できる場合にはキャリアが成功しており，満足できない場合は役割の見直しが必要となります。

2　中年期——後進を育むことに喜びを感じる

1　「世代性」対「停滞」

　エリクソンは，中年期の発達課題として「世代性」対「停滞」としています。この課題を通して獲得される人格的活力に「世話（care）」を挙げています。世代性は，原版では，ジェネラティビティ（generativity）となっておりエリクソンの造語です。「generation」は「世代」，「generative」には「生殖」という訳語があたります。語源から考えると，生殖性という訳語が多く用いられてきました。今日では，生殖のみを指す概念ではなく，広く次世代を育て世話をするという概念の立場から「世代継承性」や「世代性」という語訳が用いられています。その「世代性」の意味は，子孫をはじめとして何かを産み育て，次世代へと

継承していくことへの関心です。また，幅広い意味での生産性や創造性を含んでいます。この課題を充分に達成できない場合，「停滞」という状態，つまり他世代への関心や関わりの薄さ，他者と関わり合いがなくなるため，自己満足や自己陶酔に陥りやすくなります。この「世代性」と「停滞」の対立を解決するための人格的活力として「世話（care）」の力の獲得が必要であると考えられています。中年期には，求められる役割が社会的な関係（親と子，上司と部下など）の中で変化し，受け取る側から与える側へ，育てられる側から育てる側へと役割と立場が変化していきます。その中で，次の世代への幅広い意味での世話をすることが求められている時期であるといえます。

2　中高年期におけるライフイベントの影響

中年期から老年期までを中高年期と呼んで表現することがあります。中高年期は，40歳以降を指し，約40年以上と人生の中で最も長い期間です。そのため，様々なライフイベントと遭遇します。表1-5-1は，中高年期に経験されるライフイベントについて「良い」「悪い」「中立」の三つに分類したものです。中高年期には，様々なライフイベントが起きることがこの表から見て取れるでしょう。

下仲（2000）によると，高齢者にとって，大きな病気やさまざまな対人関係のトラブル，失業や死別をもっとも辛く感じることが示されています。[注5]一般的に，「悪い」ライフイベントは，心身の状態と関連します。反対に，心身の状態はライフイベントの受け止め方に影響します。心が健康で安定している人は，悪いライフイベントを体験しても，過剰に反応することなく平静に受け止めることができることが知られています。一方で，不安感が強く情緒的に不安定になりやすい人は落ち込みやすく，回復過程も一様ではありません。このように，同じライフイベントを体験したとしても，中高年者個人の特性によってその影響度は異なることが知られています。

中年期から老年期の移行期にかけて，生活の変化が心身に影響を及ぼすことがあります。その代表的なライフイベントとして「空の巣症候群」と「定年退職」があります。空の巣症候群とは，子どもが成長し自立した後，残された親が不適応状態に陥り心身の不調をきたす症状のことを指します。親としてのアイデンティティが揺り動かされるのです。定年退職も同様に，それまで仕事にエネルギーを費やしてきた者は，役割を失い，職業アイデンティティが揺り動かされ，心身の不調を訴える場合もあります。空の巣症候群も定年退職もいずれも一つの役割に邁進

注5　下仲順子（2000）「高齢期における心理・社会的ストレス」『日本老年医学会雑誌』11，1339-1345頁。

表 1-5-1　中高年期に経験されるライフイベント

	悪いライフイベント	良いライフイベント	中立ライフイベント
身体的要因	自分自身の大きな病気やけが 家族の大きな病気やけが		閉経
家庭内要因	夫婦関係のトラブル 家庭内でのトラブル（子どもの問題行動，親の問題の生起）	子どもの入学 子どもの結婚 子どもとの同居 子どもとの別居 孫の誕生	親との同居 親との別居
対人関係要因	親戚とのトラブル 友人や隣人とのトラブル		
仕事要因	自分の失業 配偶者の失業 自分の単身赴任 配偶者の単身赴任	自分の昇進 自分の再就職，転職，就職，事業の開始 配偶者の再就職，転職，就職，事業の開始 子どもの再就職，転職，就職，事業の開始	自分の転勤，配置転換 自分の定年による転職 配偶者の定年による転職 自分の完全な退職 配偶者の完全な退職
死別要因	兄弟姉妹の死 親しい友人の死 父母（義父母）の死 配偶者の死 子どもの死		
生活上要因	暮らし向きの急変（収入の大幅減少，大きな借金） 自己，犯罪などの被害，訴訟（交通指示，泥棒，詐欺）	転居	住環境の変化 財産や遺産の損失，獲得

出所：下仲順子（2000）「高齢期における心理・社会的ストレス」『日本老年医学会雑誌』11，1339-1345頁をもとに筆者作成。

しすぎ，それらを喪失することで起きる現象です。岡本（1997）は，このようなアイデンティティの揺らぎと再び構築するプロセスをアイデンティティの再体制化と呼びました。[注6]青年期に獲得したアイデンティティは，成人期にまたそれ以降にも再体制化が起こりながら成熟していくと考えられています。

注6　岡本祐子（1997）『中年からのアイデンティティ発達の心理学』ナカニシヤ出版。

3　老年期──自分の人生に折り合いをつける

1　高齢者の定義

　老年期とは，一般的に60歳以降の年代を指します。なお，世界保健機関（WHO）の定義では，65歳以上の人のことを高齢者としています。

高齢者と一口に言っても，65歳の人も95歳の人も高齢者になるわけです。老年期以前の年代と比べると30歳もの年齢の開きのある人を同じ枠組みでとらえるのは奇妙な感じがしませんか。そこで，厚生労働省では，高齢者を次のように区分して考えています。65-74歳を前期高齢者（young-old），75歳以上を後期高齢者（old-old）とし，高齢者医療制度などにその枠組みを取り入れています。

なお，日本老年学会では，「65歳以上とされる高齢者の定義に医学的・生物的な根拠はなく，前期高齢者には若く活動的な人が多く，定義に違和感がある^{引用1}」といった点を踏まえ，65歳以上の人を新たに下記のように区分することを提言しています。

65-74歳は准高齢者（pre-old），75-89歳は高齢者（old），90歳以上は超高齢者（oldest-old, super-old）と定義されています。高齢化社会が進むにつれて，このように高齢者の定義も変わってくるのかもしれません。なお，100歳以上の高齢者を百寿者（centenarian）と呼び，100歳以上生きる人たちの特徴などが研究されています。

引用1　日本老年学会・日本老年医学会（2017）「高齢者に関する定義検討ワーキンググループ報告書」https://www.jpn-geriat-soc.or.jp/info/topics/20170410_01.html（2022年12月12日閲覧）。

2　老年期の心身の変化

エイジング（aging）は「老化」と訳すことができます。加齢に伴う身体的機能の低下はもちろん見られますが，多くの人は老年期に入っても健康を維持しています。また，メンタルヘルスの問題を抱えているケースは多くはありません。しかし，老年期になると感覚機能や奥行き知覚，運動能力など様々な側面における変化が共通してみられます。視覚の老化は，五感のうちもっとも早く顕著に表れます。近い距離での視力（近視力）だけでなく，夜間視力や動体視力なども低下します。聴力については，音に対する感度が低下するため，注意を向けている音と背景の音を区別することが難しくなり，話の内容を理解しにくくなります。聴力の低下を補うために，補聴器を付けている高齢者も多くいます。運動能力の面では，加齢による筋肉量の減少および筋力の低下をサルコペニアと呼びますが，70歳あたりで自覚しやすくなるといわれています。目も見えにくく，耳も聞こえにくい，筋力も低下すると，外出することに不安を感じやすくなり，心身が衰弱しやすくなります。このような加齢に伴う心身の衰えの状態を，「フレイル」と呼びます。しかし，フレイルは，早く介入して対策を行えば元の健常な状態に戻る可能性があります。高齢者のフレイルは，生活の質を落とすだけでなく，様々な合併症も引き起こす危険があります。高齢者が増えている現代社会において，フレイルに早く気付き，正しく介入（治療や予防）することが大切です。

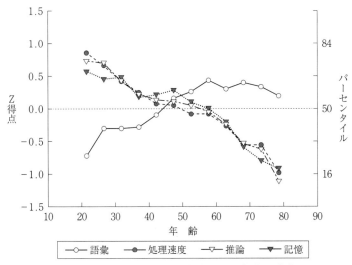

図1−5−2　横断法による加齢による知能の変化

出所：Salthouse, T. A.（2004）"What and when of cognitive aging?" *Current Directions in Psychological Science*, 13, pp. 140-144 をもとに筆者作成。

3　知的能力の変化

　中高年者の知能の変化については，多くの研究がなされてきました。その結果，衰えにくい知能とそうでないものがあることがわかってきました。ここでは，結晶性知能と流動性知能という二側面から知能を捉え考えます。結晶性知能は，経験の積み重ねにより身についた知識や判断力，言葉を扱う能力のことを指し，衰えにくいことがわかっています。流動性知能は，情報を素早く処理し，新しい場面や状況に適応していくために必要となる能力で，加齢に伴い衰えやすいとされています。図1−5−2では，結晶性知能にあたる「語彙」は，60歳ころまで上昇しその後もほとんど低下しません。流動性知能の指標となる「処理速度」「推論」「記憶」は加齢に伴って直線的に低下しています。ここで着目したいところは，語彙という豊かな知識量を反映する能力は，学校教育を終えた後も上昇し続け，高齢期になっても高く維持されているということです。

　しかし，図1−5−2の研究には問題があります。知能検査の得点は，後から生まれた年代の人たちになればなるほど，得点が徐々に高くなることがわかっています。この効果をフリン効果といいます。なぜフリン効果が起きるのか明確にはなっていませんが，教育や社会的影響を指摘する研究者は多くいます。具体的に想像すると，今の80歳の人たちが10代の時には，家にテレビもなかったでしょうし，現在の情報過多の状況とは大きくかけ離れていたことが想像できます。

このような理由から，ある時点での年齢ごとの知能検査得点を比べる（横断法）だけでは，年を取るほど知能の得点が低くなる現象について，加齢の影響か，世代の影響か区別がつきにくいという問題があるのです。

そこで，ある個人が年を重ねていったときの知能の得点の変化について一定期間継続して調査されました（縦断法[▶4]）。その結果，個人の知能は加齢によって低くなるものの，低下し始める年齢は，ずっと後になってからであることが示され，低下には個人差がかなりあることも明らかになりました。具体的には，結晶性知能である「言語能力」は60歳代をピークに迎えますが，その後の低下は80歳代の前半まで非常に緩やかであること，流動性知能を含むほとんどの知能も，55〜60歳頃までは高く維持され，その後緩やかに低下しますが，明確な低下を示すのは80歳以降であることが示されました[注7]。

さて，知的能力についての発達から，エピソードのC君のおじいさんの事例を考えてみましょう。老年期になると，新しい場面や状況に適応していくために必要となる能力が衰えていきます。初めて行った場所で初めて行う作法について理解しすぐ行動することは難しい，つまり，保育所で朝の準備を保育者の短い説明だけですぐ対応することが難しいと考えられます。しかし，経験はあるのが老年期の方です。一つひとつの作業を丁寧に説明すれば，しっかりとやっていただけるでしょう。

▶4　縦断法
縦断法では，数年ごとに繰り返し同じ問題を解くことによって点数が上がるという学習の効果が入り込む。そこで，現在は，横断的方法と縦断的方法を組み合わせた系列的方法で個人の知能得点の変化が調べられている。

注7　Schaie, K. W. (2013) "Developmental influences on adult intelligence." *The Seattle Longitudinal Study* (2nd ed). New York: Oxford University Press.

4　老年期の発達理論

1　高齢期の発達課題「統合」対「絶望」

高齢期についてエリクソンは，「統合」対「絶望」を発達課題としています。「統合」とは，「自分の人生を自らの責任として受け入れることができ，死に対して安定した態度を持てること」と説明されています。「統合」の獲得に失敗すると，人生に大きな悔いを残し，衰えるままに死を迎えるという「絶望」にとらわれるようになるようです。この課題の達成のためには「英知」，すなわち「死そのものに向き合う中での，生そのものに対する聡明かつ超然とした関心」が必要とされています。

2　超高齢者の発達課題

エリクソンは当初，われわれの生涯において八つの時期の発達課題を見出しました。しかし，80歳を超え90歳代に至る老年期の後半については検討の余地があると考えていたようです。超高齢者の中には，加齢により様々な身体の衰退が見られる中でも，いきいきとその人らしく生き

る姿を見せる人もいます。このような元気な超高齢者の存在が，新しい側面を生み出す大きな要素となりました。エリクソンの死後，著作の増補版で，共同研究者であった妻ジョウン・エリクソンは，9つ目の段階を加えました。最後に加えられた超高齢期には，身体能力の衰えと自立の困難さに直面する最晩年のこうした危機的状況で人は人生最初の発達課題である基本的信頼感に立ち戻り，他者への信頼によって希望を抱き，失うことを受け止めて老年的超越へと向かうことができると示しました。

注 8　Erik, H. Erikson & Joan, N. Erikson (1998) *The Life Cycle Completed* (*Extended Version*) W. W. Norton & Company. (エリクソン. E & ジョウン M. E., 村瀬孝雄訳 (2001)『ライフサイクル，その完結（増補版）』みすず書房)。

3　サクセスフル・エイジング

　老年期を幸福に，充実した生活を過ごすことをサクセスフル・エイジングといいます。加齢による身体的変化や生活環境の変化の中で，充実した老年期を送るには何が必要なのか，幸福な老いとはどのような状態をいうのか心理学をはじめとした多くの分野で研究がされています。

　老年期の主観的ウェルビーングの高さは，成人期と同等あるいはそれ以上であることが示されています。老年期は，身体的・認知的な面で成人期と比べて様々な衰えがあります。また社会的な役割の喪失や重要な他者の喪失など多くのつらいことを経験します。そのような喪失が積み重なっても高齢者の主観的ウェルビーング[▶5]は維持される，エイジング・パラドクスの存在が明らかになっています。

　パラドクスがなぜ起きるのか二つの側面から説明します。一つは，バルテスが提唱した補償を伴う選択的最適化というモデルから説明されます。このモデルでは，目標を狭い領域に絞ったり，加齢によって機能が低下した部分を補う手段や方法を獲得したりすることで，主観的ウェルビーングを維持しようとする試みです。例えば，芸術家が衰えから自分の作品を作るのではなく後進の育成を目標にする，毎日散歩をしていた人が足腰の衰えたを感じたので杖を使って散歩をする，などがあげられます。

　もう一つの説明としては，老年期に見られる脳の変化も寄与していると考えられます。例えば，情動にかかわる扁桃体は，快刺激によって活性化しますが，ネガティブな刺激にはあまり反応しなくなります。また，事故や暴力場面など不快な画像に対する反応も脳は加齢とともに小さくなっていきます。このようにネガティブな事柄にストレスを感じにくいようになり，結果として主観的ウェルビーングが維持されやすいといえるのでしょう。

▶ 5　主観的ウェルビーング
ウェルビーングは，一般的には幸福感と訳されることが多い用語である。ウェルビーングには，主観的のものと客観的ものの二種類あるといわれている。主観的ウェルビーングは，「充実感」「満足度」「幸福感」など，その人が「どれだけウェルビーングを感じているか」を測定する。

注 9　Baltes, P. B. (1997) "On the incomplete architecture of human ontogeny. Selection, optimization, and compensation as foundation of developmental theory," *The American Psychologist*, 52, pp. 366-380.

注10　Kisley, M. A., Wood, S., & Burrows, C. L., (2007) "Looking at the sunny side of life: Age-related -change in an event-related potential measure of the negativity bias," *Psychological Science*, 9, pp. 838-843.

4 認知症と介護

後期高齢者になると，心身の機能が急速に低下し，介護が必要になる人が増えます。病気や身体機能の低下，認知症などの障害によって日常生活の自立が難しくなれば，介護が必要となってきます。日本では，子ども世帯と同居していない，夫婦のみの高齢者世帯の数が増加しています。それとともに一人暮らしの高齢者の数も増加しています。家族にとって認知症になった高齢者の対応は難しいかもしれません。誰が介護を担うのか，家族だけでは介護負担や介護ストレスなどの問題も出てきます。また高齢化社会では介護する子ども自身が高齢者であるという老々介護の場合も増えてきました。介護の専門家や近隣の人たちによるコミュニティケア，デイサービスなどの施設をうまく利用して，介護を家族だけで抱え込まないことが大切です。

▶6　認知症
様々な原因で脳の働きが悪くなり，いろいろな障害が起こり，生活する上で支障が出ている状態をいう。認知症の症状として，記憶の低下や見当識障害，判断力の障害などの中核症状と，徘徊や妄想などの行動・心理症状がある。

【Work】事後学習

①自分の周りの中高年者が，表1-5-1のライフイベントのどれを現在体験しているか聞いてみましょう。

_____

_____

_____

_____

②隣接科目には，発達心理学，生涯発達心理学，保護者支援があります。保育所・幼稚園などの保護者の発達段階がこの時期です。保護者理解にもつながります。

＊巻末（p. 174）に，本節のまとめとして【ワークシート1-5】を掲載しています。探究的に課題に取り組み，幅広い視野を得て，さらに学びを深めましょう。

参考文献

文部科学省（2011）「小学校キャリア教育の手引き（改訂版）」教育出版.

NHKスペシャル取材班（2018）『百寿者の健康の秘密がわかった　人生100年の習慣』講談社.

家族・家庭の理解から考える
子ども家庭支援

子ども家庭支援に家族や家庭を理解することがなぜ必要か

　子どもの心身の発達は家庭の中で始まり，家庭を足場に生活の場が少しずつ広がっていきます。そのため，どのような家庭で誰に育てられるかが，乳幼児期の発達に深く関与します。保育の場で出会う子どもの姿を深く理解する上で，子どもの背景にある家族や家庭を知ることは重要な手がかりになります。

〈エピソード〉母親と離れられないWちゃん

　4月の授業のない日に，Zさんは就職希望の園に見学に出かけました。すると，園舎の入り口で泣いているWちゃんと，不安そうな表情で側に立っている母親がいます。園の先生に尋ねると，Wちゃんは入園式の翌日からずっと母親から離れられず，保育者が抱きかかえて保育室に行こうとすると大声で泣き叫んで抵抗するのだそうです。その日は保育室の中まで母親がついて行き，一緒に過ごしているようでしたが，親子の姿を見かける度に，母親がずっと困ったような表情をしていることが気になりました。園の見学が終わった後も，「Wちゃん親子はその後どうなったかな。」と，Zさんは何となく気になっています。

【Work】事前学習

〇Wちゃんはなぜ母親から離れられないのでしょうか。理由を考えてみましょう。

_____

_____

_____

_____

_____

1　家族や家庭を理解する意義

1　多様化・複雑化する家庭

　子どもを取り巻く環境は社会動向の影響を受けながら変化していきます。近年は育児不安や育児ストレス，育児の孤立化など，保護者の心理的な負担が大きくなっています。児童虐待の包括的概念であるマルトリートメント（maltreatment）のように，大人から子どもへの不適切な養育が子どもの発達をゆがめてしまうことも少なくありません。また，

ひとり親家庭やステップファミリー，LGBTのカップル，外国籍家庭など，家庭の状態が多様化・複雑化しています。保育者は，標準的な家庭像や先入観にとらわれることなく，多様性に開かれた柔軟な目で家庭を見る必要があります。

　多様な家庭を支援する上で大切なことは，まずは個々の家庭の状況を理解し，それに沿った支援の手立てを考え，実践することです。あたり前のことですが，すべての家庭は異なっており，どの家庭にも良さや問題があります。どのような家庭環境であろうと子どもはそれらを受け入れざるを得ない弱い存在であり，自分が置かれた家庭環境について幼少期の子どもはまだ認識することができません。保護者自身も「親になる」ために発達している途中であり，戸惑いながら保護者なりの育児を精一杯行っている人がほとんどです。その中で，第三者的存在として保育者がその家庭の状況や特徴を客観的に把握し，より適切な養育環境へ向かうように支援する意義は大きいといえます。家庭の養育環境が多様化・複雑化することに伴い，保育ニーズもまた多様化しているといえます。児童虐待をはじめ，諸問題への予防や対応を含めて保育施設が担う家庭支援の役割はますます重要になっています。

❷　求められる家庭との連携

　近年は，家庭の教育力の低下や地域社会の人間関係の希薄化から，保育施設が家庭の社会化機能の一部を担う割合が大きくなってきました。家庭・地域社会・保育施設等の間で子どもの生活は連続的に営まれているため，よりよい環境を確保するためには三者が連携し，一体化していくことが必要です。保育施設が家庭と連携をするためには，子ども達が家庭でどのように養育されているのかを理解し，保育施設ならではの集団活動を通して子どもの発達を支援していく必要があります。他方で，保育の場での子どもの発達の様子を保護者に対して細やかに伝え，子どもの育ちについて共有していくことも必要です。例えば，絵本に興味を示さなかったV君が，ある日，車の絵本の読み聞かせに熱心に参加してくれました。そのエピソードを母親に伝えたところ，図書館で車の絵本を何冊か借りて，父親とともに毎晩読み聞かせをしているということでした。こうした情報から，V君の両親が家庭でどのようにV君に関わっているかを垣間見ることができます。この後は保育者と保護者との間で絵本を介して情報交換が進んでいくかもしれません。保育者が家庭の様子を知るとともに，保護者が保育の場での子どもの育ちを知るという相互理解を介して連携が深まっていきます。

▶2　社会化機能
第2章第2節「③子どもの社会化」参照。

▶ 3　安全基地（secure base）
エインズワース（1982）によるアタッチメント行動に関する概念。子どもは主に養育者を安全基地として探索行動に出かけ，危険信号を感じると安全基地に戻って安心感が得られると再び探索行動に出かける。

　また，保育者が保護者の役割を補うこともあります。子どもにとって保育者は，これまで最も身近な存在であった保護者に代わり，世話をしてくれたり新しいことを教えてくれたりする存在です。両親が共働きの場合，家庭で過ごす時間が短いこともあり，衣類の着脱や排泄など基本的な生活習慣を保育の場で初めて身に付ける子どももいます。服のたたみ方や雑巾の絞り方を保育の場で初めて知る子どももいるでしょう。また，保育者は困ったときや不安になったときに保護してくれる「安全基地（secure base）▶3」でもあります。子ども達の中には，家庭で十分な世話や保護を受けることができなかった子どももいます。保護者から不適切な関わりを受けてきた子どももいます。保育者は，子どもの背景にある家庭の状況に目を向け，保育の場で何を補償したらよいのかを考えながら子どもに関わっていく必要があります。

2　家族や家庭を理解するために

1　情報を得る

　子どもがどのような家庭で育っているのか理解するためには，家庭に関する情報入手が欠かせません。家族員の構成，保護者の年齢層や就労状況，住居など社会経済的な情報のほか，妊娠期から現在に至るまで子どもがどのような生い立ちをしてきたのか，生育歴に関する情報も役立ちます。中には，離婚や保護者の病歴など，プライバシー保護に特に配慮する情報もあります。このような情報をつなぎ合わせることで，少しずつ家庭の状況が把握できます。ただし，情報は保護者から伝えられることがほとんどであり，また，保護者と接する時間も限られているため断片的な情報しか得ることができません。そのため，日ごろから保護者とのコミュニケーションを大切にし，話がしやすい雰囲気や関係性を築いておくことが大切です。保護者の心を尊重し理解しようという姿勢をもつこと，疑問や要望に対しては誠意をもって対応することを通して，信頼関係が深まっていきます。他方で，保育施設での子どもに関する情報を保護者に細やかに伝えること，子どもの成長を喜びとともに共有することは信頼関係の構築に役立ちます。コミュニケーション以外に，日常的な観察から情報を得ることもできます。保育施設への送迎時などで親子を観察していて，ふとした変化に気付くこともあるでしょう。小さな気付きや違和感を大切にし，こまめに記録をしておき，後からそれらを読み返すことで理解が深まります。

2　保護者の思いを理解する

　適切な家庭支援をするためには，保護者の心に寄り添いながら，保護者がどのような思いで育児をしているのか理解をしていくことも大切です。

　保育所保育指針の第4章「保育所における子育て支援に関する基本的事項」では，「保護者に対する子育て支援を行う際には，各地域や家庭の実態等を踏まえるとともに，保護者の気持ちを受け止め，相互の信頼関係を基本に，保護者の自己決定を尊重すること。[引用1]」とあります。保育者に対する保護者からの様々な言動に対してすぐに評価や助言をせず，なぜそのような言動をするのか，まずは保護者の立場に立って理解しつつ，保護者の思いを尊重する姿勢が大切です。保育は子どもの健やかな心身の育ちを目的とするため，保護者の言動をときに批判的に見てしまうことがあります。例えば，発達障害の可能性が疑われる子どもの保護者に対して早期療育を勧めたとき，「うちの子には必要ない」と頭ごなしに拒否されるケースがあります。母親が拒否しているように見えますが，実は母親は早期療育のことが気になっており，父親や祖父母が反対している可能性もあります。子どもの発達を援助するために適切な環境を与えたいという保育者の思いと保護者の思いがすれ違うと，保育施設と家庭間の信頼関係が成り立たなくなってしまいます。乳幼児期の子どもが家庭環境の影響を大きく受けながら発達することはいうまでもありません。育児に対する考え方や価値観などを含めて保護者の思いをできる限り理解した上で，保育の場で補えることは何かを探っていく必要があります。

引用1　厚生労働省編（2018）『保育所保育指針解説』フレーベル館，329頁。

3　適切な支援とは

　家庭の状況や保護者の気持ちを理解することができると，どのような支援をするとよいかが見えてきます。例えば，始めは子どもの発達の問題について母親から相談され，園での子どもの様子をうかがっていましたが，母親の話をときどき聴くうちに，子どもの問題ではなく母親の育児不安が強いことに気付いた，ということがあります。そうした場合，子どもの発達支援よりも母親支援の方が重要になってきます。母親の育児の悩みを保育者がていねいに聴くことも有効な支援ですが，保育者の時間は限られています。そのため，母親がどのような支援を求めており，身近な支援者は誰なのかを探っていきます。つまり，保育者が支援を抱え込むのではなく，子育て支援のネットワークづくりを支援していくと

いう視点が必要です。最近は，障がい児の個別支援や保護者支援がいっそう求められています。その場合，障がい児を持つ保護者を保育者が個別に支援することは重要ですが，保護者自身は同じような障がい児を持った親とつながり，情報交換をしたいかもしれません。そのような時に，卒園した先輩ママで相談に乗ってくれる人を紹介する，地域の自助グループを紹介するといった支援も役に立つでしょう。

　これからは，地域の子育て支援センターや児童館，親同士の仲間づくり，祖父母や父親の育児支援など，これまでの保育の枠を超えた広い視野で支援の可能性を探ることが求められます。まずは家庭の状況や当事者がどのような支援を望んでいるのかをよく理解し，その上で保育者自身が支援したり支援先を紹介していくことが大切です。

　本章では，このような家族や家庭を理解・支援するために役立つ，基礎的な理論を説明しています。理解の手がかりになるような，身近なエピソードやワークを取り入れました。第 2 節「家族・家庭の意義と機能」では，家族や家庭の意義や役割からスタートし，社会の影響を受けてどのように変化してきたのか学んだ後で，現代における家族や家庭の特徴や求められる支援について保育者の目線で考えていきます。第 3 節「親子関係・家族関係の理解と支援」では，親子関係や家族関係について，家族システム論を基盤に家庭内の人間関係を客観的に捉えるとともに，家族関係の発達的変化という広い視点から家族や家庭を理解する方法を学びます。第 4 節「子育て経験と親としての育ちの理解と支援」では，子育てを通じて親の心はどのように発達するのかを学んだ後，その発達プロセスを支えるために必要な環境や，保育の場に求められている支援についても理解を深めていきます。

【Work】
＊巻末（p. 175）に，本節のまとめとして【ワークシート 2-1】を掲載しています。探究的に課題に取り組み，幅広い視野を得て，さらに学びを深めましょう。

参考文献

Boelby, J. 二木武監訳（1993）『ボウルヴィ　母と子のアタッチメント──心の安全基地』医歯薬出版株式会社.

家族・家庭の意義と機能

　本節では，「家族」や「家庭」とは何か，社会的背景を含めて意義や役割に関する基本的知識を習得した後，近代から現代までの変化の様相や現代における特徴，保育が家庭機能を支援する必要性について学んでいきます。

〈エピソード〉 **家族ごっこ**

　Rさんは大学2年生，初めての保育実習中です。年中クラスに入ったある日，「Rお姉さん，家族ごっこしよう！」と子ども達に誘われました。「Rお姉さんは"お母さん"になってね」「わかった。お母さん役ね」という会話の後，「私はお姉ちゃん」，「僕はお父さん」，「僕はペットの犬」「じゃあ私は子ども」と子ども達は口々に役割を決めていきます。そこにKちゃんが来て仲間に入りました。「私はお姉ちゃん」とKちゃんが言うと，Y君が「もうお姉ちゃんは決まっているからダメ」と返しました。それでもKちゃんは「お姉ちゃんがいい」と言って譲らず，お姉さん役の取り合いが始まってしまいました。Rさんが「お姉ちゃんがふたりいることにしよう」と提案しても「お姉ちゃんは1人だよ」とどの子も口々に言います。結局Kちゃんが赤ちゃん役をやることになり，ようやく家族ごっこが始まりました。

　しばらく家族ごっこ遊びが続いた後，お父さん，お母さん，子ども達は買い物に出掛けることになりました。ペットの犬役のD君は留守番です。「すぐ帰ってくるから待っていてね」「行ってきま～す」と犬役のD君に声をかけて出掛けようとすると，D君は「僕も連れて行ってほしいワン……」とさびしそうな表情をします。店では「ワンちゃんはこれが好きなの」「これも買っていこう」とペットが好きな食べ物を買う様子が見られました。Rさんはペットを飼ったことがありませんが，子ども達がペットをかわいがる様子から，ペットも家族の一員なんだなと感じました。

【Work】事前学習

①あなたはペットを家族だと思いますか。それはなぜですか。

_____

_____

_____

_____

②エピソードをもとに，現代社会の家族の特徴について考えましょう。

_____

_____

_____

_____

1　家族と家庭の意義

1　家族とは何か

　「家族」とは，辞書では「夫婦の配偶者関係や親子・兄弟などの血縁関係によって結ばれた親族関係を基礎にして成立する小集団」であり，「社会の基本的単位」とされています。例えば結婚をする際に婚姻届を，子どもが生まれると出生届を，離婚をする際には離婚届を提出するように，家族には制度として認められる側面があります。他方で，家族は「私たちは家族である」という家族意識によって主観的に捉えられる側面もあります。エピソードの家族ごっこのように，愛情深くかわいがっているペットを家族として認識している人も少なくないでしょう。多様な家族の形が生まれる一因として，家族の定義のあいまいさが挙げられます。人々が家族とみなす人間関係の範囲（境界）は「ファミリー・アイデンティティ（Family Identity）」と呼ばれ，家族は主観的な認知によって構成されることが示されています。そのため，祖父母が同居していない孫を家族とみなす場合もあれば，同居している家族員でも家族とみなさない人がいることもあります。死別した人を家族と考える場合もあります。家族の定義があいまいなのは，このように血のつながりや同居の有無を超えた関係が含まれるためです。アニメや漫画，映画，テレビドラマ，コマーシャルなどでも，ファミリー・アイデンティティに基づく多様な家族が登場します。映画やドラマを見ながら，偶然一緒に暮らし始めた人たちが少しずつ心を通わせながら家族になっていくプロセスを疑似体験したり，家族の多様性に気付かされたりすることがあると思います。このように，子どもの背景にある家族関係を理解する上では，同居しているか，生計を共にしているかどうかという物理的な側面だけではなく，家族と感じているかどうかといった心理的な側面にも目を向ける必要があります。

2　家庭とは何か

　家庭とは，辞書では「夫婦・親子など家族が一緒に生活する集まり。また，家族が生活する所」となっています。家庭は社会の最小単位である家族と，家族が生活を共有する場を内包する概念です。家族の概念と異なるのは，「生活する所」という場や空間の意味が含まれているところです。幼少期の子どもは，「家庭」という生活環境の中で「家族」によって育てられるといえます。生活を共有するということは，生きる基

引用1　『広辞苑』第7版，(2018) 岩波書店。

▶1　ファミリー・アイデンティティ（family identity）
自分の家族，あるいは家族構成員は誰であるか，家族の特徴は何かなど，家族に対する認識や意識のことを意味する。上野千鶴子(1994)『近代家族の成立と終焉』岩波書店，3-42頁。

引用2　前掲引用1。

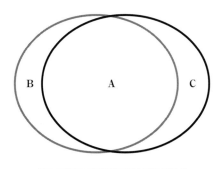

——— 家族	**A**：同居親族
——— 世帯	**B**：他出家族員
	C：同居非親族

図 2-2-1　家族と世帯の関連

出所：盛岡清美・望月嵩（1997）『新しい家
族社会学　四訂版』培風館をもとに筆者
作成。

本となる衣食住や消費などの日々の活動を共にするということです。活動に伴う楽しさや喜び，悲しみなどの感情を分かち合い，困ったときに支え合うこともあります。家ではなくてもくつろげる雰囲気がある場所について，「アットホーム（at home：家庭的)」という言葉を使うように，安らぎやあたたかさを感じる場といえます。

　家族の形が多様であるように，家庭の形も様々です。保育施設に通う子ども達の家庭には，ひとり親家庭，ステップファミリー，3～4世代同居，児童養護施設からの通園など様々な形があります。

3　世帯とは何か

　家族や家庭とよく似た言葉に「世帯」がありますが，これは「同居して生計を一つにする集団」を意味します。図2-2-1は，家族と世帯の関係を円で表したものです。家族には同居する親族（A）の他に，就学や就職，単身赴任などで世帯を別にする家族員（B）が含まれる一方，世帯には同居する親族（A）の他に，親族ではないが一緒に暮らしている人（C）が含まれます。

2　家庭の機能

　家庭には様々な機能がありますが，ここでは子どもにとって重要な三つを取り上げます。

①生活の保障

　日常生活を送るために必要な食事や住居，家計は家庭内で共有されます。誰かが単身赴任をする場合でも，家族間で家計を共にして支え合って生活します。子どもにとっては，食事や洗濯，掃除など衣食住を基本とする生きるために必要な世話が提供され，生活を維持することが保障されます。

②情緒的安定

　家庭では，職場や学校などでの緊張やストレスから解放され，のんびりくつろいでリラックスできる人が多いと思います。このように家庭には情緒を安定させる機能があります。発達初期の子どもは，保護者から与えられる安心感や，「自分は他者に受け入れてもらえる価値のある人間だ」という基本的信頼感[2]を得ることができ，他者との人間関係の基礎を構築します。

▶2　基本的信頼感
エリクソンの発達段階における第一段階での発達課題である。生後1年間で母親との相互作用を通して子どもは人を心から信頼できる気持ちをもつことが大切と考えられている。

③子どもの社会化

　子どもは家庭の中で，ルールや価値観，行動様式，生活習慣など社会の中で生きていくために必要なことを身に付けます。子どもは家庭内の大人からそれらをしつけられたり模倣したりすることによって学んでいきます。「しつけ」は子どもの将来に役立つようなスキルを保護者が意図的に教えるものである一方，「模倣」は知らず知らずのうちに吸収するものです。どちらも保護者の独自性の影響を受けており，例えば食事中にテレビやスマホを見るかどうかは，家庭内のルールや保護者の価値観によって異なります。

3　社会変動と家族

　家族のあり方は社会変動の影響を受けます。人の生活様式は社会や環境に合わせてつくられるため，社会が変化すれば家族の形も変化します[注1]。近代以前の第一次産業に基づく伝統的家族は，自給自足の生活を基本とし，生活の場と労働の場が家屋の近い位置にありました。近代社会の「産業化」や「工業化」に伴って第一次産業から第二次産業へと産業の中心が移り，生活の場と労働の場が距離的に離れると，家内領域と公共領域は分離していきます。その結果，男性は外で働き家族を養う，女性は家事や育児をして家族を守るという性役割分業が生じてきました。こうした近代家族の原型は，1910年代以降の都市中間層に現れました。家

注1　社会変動に伴う家族の変化については，第3章第2節も参照。

族が離れる時間が長くなるに伴い，家族間の情緒的なつながりが大切にされる家族（ウチ）とそれ以外の社会（ソト）の境界が明確になり独立性が高まるといった特徴が現れました。また，夫婦関係，親子関係それぞれに愛情による結びつきが強調されるに伴い，子どもは愛情の対象として家族の中心に位置し，子どもの成長や教育に関心が向かうようになりました。

　現代は，女性が外で働くようになり経済力を身に付けるようになったことから，性別役割分業のシステムがゆらぎ，「家族の個人化」が生じています。家族の個人化とは，家族がばらばらになったり自己中心的になるという意味ではなく，個人の自律性や意思決定が尊重されるということを意味します。そのため，女性が家庭内で役割を固定化されることなく，家族を構成するメンバーそれぞれが個人の欲求を実現するために自由に行動する傾向が高まっています。また，家族の構成員は少なくなり，一世帯あたりの平均人数が低下するという世帯規模の縮小化も起きています。こうした特徴は，現代社会における新たな家族の特徴を生み出しています。

▶3　家族の個人化
性別役割分業型の家族モデルからの脱却を目指し，個人の自律性を重視した家族像が提唱された。目黒依子（1987）『個人化する家族』勁草書房。

4　現代社会と家族

1　世帯規模の縮小化

　世帯規模の縮小化が進んでいます。2021年の世帯構造では「単独世帯」が全世帯の29.5％と最も多く，次は「夫婦と未婚の子のみの世帯」で27.5％，「夫婦のみの世帯」は24.5％，「ひとり親と未婚の子のみの世帯」は7.1％，「三世代世帯」は4.9％となっています。背景には，少子化傾向や晩婚，非婚，親子同居率の低下，離婚の増加などがあります。図2-2-2を見ると，現代社会では世帯数が増加する一方，平均世帯人数が減少していることがわかります。

注2　厚生労働省（2021）『国民生活基礎調査の概況』。

2　家族の個人化

　現代社会では，社会の基本単位は「家族」から「個人」へと進行しています。家族が一緒に暮らしていても，食事は別々，テレビや動画も一人で楽しむように，時間や空間を共有する機会が減っています。個人化する社会では，個人の希望や価値観が優先されるため，個人の自己責任のもとで進学や就職，結婚，居住などライフコースの岐路が選択されやすくなります。選択肢が増えることによる利点もありますが，希望通りの人が現れないから結婚しない人が増えると晩婚化や未婚化が進み，夫

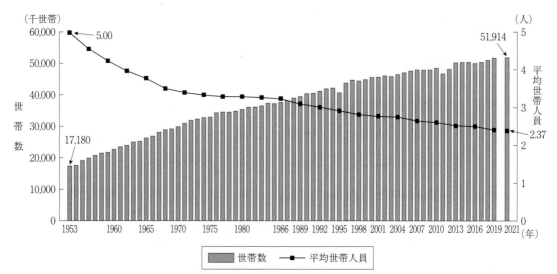

図 2 - 2 - 2　世帯数と平均世帯人員の年次推移

注：1）1995年の数値は，兵庫県を除いたものである。
　　2）2011年の数値は，岩手県，宮城県及び福島県を除いたものである。
　　3）2012年の数値は，福島県を除いたものである。
　　4）2016年の数値は，熊本県を除いたものである。
　　5）2020年は，調査を実施していない。
出所：厚生労働省（2021）「国民生活基礎調査の概況」をもとに筆者作成。

婦間の問題が起きたときには家族の意識に縛られることなく離婚する可能性も高まります。

　家族の個人化は，女性のライフコースにも影響します。厚生労働白書（2020）によると，2019年における15～49歳の女性の出生率を合計して算出される合計特殊出生率，すなわち一人の女性が一生の間に生むと推定される子ども数は1.36人です[注3]。第 1 次ベビーブーム（1947～49年）にあたる1949年の出生率 4.32 と比べると大きく減少しています。他方，女性の年齢階級別の労働力率（15歳以上の人口に占める働く人の割合）をグラフで表した場合，20歳代で上昇した後，出産・育児期にいったん落ち込み，育児が一段落した頃に再び上昇するという "M字カーブ" が浅くなってきています（図 2 - 2 - 3）。このように，現代は育児に対するエネルギーが低下する一方，仕事に対するエネルギーが上がっており，女性の母親役割が縮小し家庭以外の場で担う役割が拡大しています。この傾向は今後も続くことが予想されます。

注3　合計特殊出生率の変動については，第 3 章第 2 節を参照。

3　家庭機能の変化

　世帯規模の縮小化に伴い，家庭内で子どもの養育をする大人の数が減っています。この傾向は，家庭の育児機能に影響をおよぼします。夫婦のみで育児をする場合，育児期の父親の労働時間の長さから，子ども

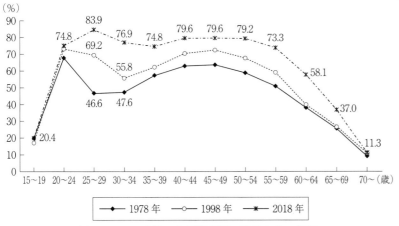

図 2 - 2 - 3　女性の年齢階級別の労働力率の推移

注：1）総務省「労働力調査（基本集計）」より作成。
　　2）労働力率は，「労働力人口（就業者＋完全失業者）」／「15歳以上人口」×100。
出所：内閣府「男女共同参画白書 2019年版」をもとに筆者作成。

が生きていくために欠かせない食事や洗濯などの基本的な世話を担うのは母親に偏りがちです。また，社会化機能にも問題が生じます。ルールや価値観，行動様式などを家庭で身に付ける社会化機能は，モデルとなる人が家庭内に複数いて，様々な視点から学んでいくことが望ましいためです。子どもにも様々な性格があり，誰が教えるかによって学び方は異なりますが，実際は母親が多くを担っている状態です。しかし，働く母親の増加と，父親が育児に関わる時間に変化が少ないことによって，母親は育児も仕事もという多重役割[4]を担う状態にあるため，母親自身も子どもと関わる時間が限られる傾向にあります。家庭には情緒安定機能もあり，子どもが養育者から安心感を得て人との信頼関係の基礎を構築する場でもあります。両親の共働きやひとり親家庭の場合，帰宅後は子どもの食事，入浴の世話と慌ただしく，リラックスする時間や子どもとゆっくり触れ合う時間が限られます。仕事の有無に関わらず，育児不安や育児ストレスが高まって保護者自身の情緒の不安定さが子どもの心を不安にさせることもあります。

　このような変化に伴い，現代では育児を巡る家庭機能の外部化が進んでいます。

▶4　多重役割
第2章第4節で解説。

5　家庭を支援する

1　育児の外部化と保育のニーズ

　近代社会以降，育児は母親がするものという社会風潮が続きましたが，

図2-2-4　保育所等数の推移

注：1）2014年——福祉行政報告例（厚生労働省大臣官房統計情報部）
　　2）2012年，2013年，2015年，2016年——厚生労働省雇用均等・児童家庭局保育課調べ
　　3）2017年～2020年——厚生労働省子ども家庭局保育課調べ
出所：厚生労働省子ども家庭局（2021）「保育を取り巻く状況について」
　　https://www.mhlw.go.jp/content/11907000/00784219.pdf をもとに筆者作成。

共働き世代の増加に伴い，父親も共に育児をする意識や，外部機関が育児を担える体制が少しずつ整ってきました。

　母親以外の人が養育行動（mothering）をすることは，「アロマザリング」と呼ばれます。アロマザリングは動物全体で見ると稀な現象で，霊長類には比較的多く見られるものの，ヒトのような長期的なアロマザリングは見られません。アロマザリングには，母親の負担を軽減し，繁殖を保障するというメリットがあります。近代以前は，同居する祖父母やきょうだい，近隣の人が共同で育児をするというアロマザリングが多く見られました。核家族化が進んだ近代以降は母親に育児が集中しがちでしたが，現代は母親も仕事をもつことが多くなったため，外部機関のアロマザリングのニーズが今後ますます高まるでしょう。親や祖父母のように血縁者でなくても，アロマザリングは可能です。弱い存在である幼い子どもに対する慈しみの心や守りたいという心，それを実行する力がある人，すなわち養護性をもつ大人は誰でもアロマザリングをすることができます。

　保育施設はアロマザリングの代表格であり，家庭内の育児の外部化が

注4　根ケ山光一・柏木惠子（2010）『ヒトの子育ての進化と文化——アロマザリングの役割を考える』有斐閣，1-4頁。

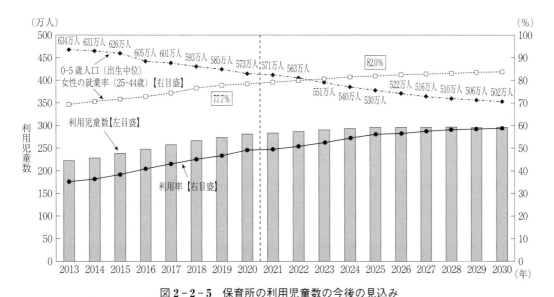

図2-2-5　保育所の利用児童数の今後の見込み

注：1）上図の利用児童数は，0～5歳人口を基に，女性の就業率（2025年：82%，2040年：87.2%）及びそれに伴う保育所等の利用率の上昇を踏まえて機械的に算定したものである。

　　2）0～5歳人口については，子どもの推計人口（国立社会保障・人口問題研究所）による。

　　3）女性の就業率については，2025年に82%との目標（第2期まち・ひと・しごと創生総合戦略）に対応するとともに，労働政策研究・研修機構「労働力需給推計」（平成31年3月29日，経済成長と労働参加が進むケース）において，2040年で87.2%まで伸びると推計されていることを踏まえて設定。

　　4）保育所等の利用率については，女性の就業率の上昇に対応するものとして算定。

出所：厚生労働省子ども家庭局（2021）「保育を取り巻く状況について」https://www.mhlw.go.jp/content/11907000/000784219.pdf をもとに筆者作成。

進むとともに保育所等のニーズは増加しています。図2-2-4の厚生労働省子ども家庭局「保育を取り巻く状況について」（2021）によると，保育所等の数（保育所，認定こども園，特定地域型保育事業）は2015年度の2万8,783か所から年々増加し，2020年度で3万7,652か所となっています。その間に保育所等を利用する子どもの数は46万449人増えています。

　他方，図2-2-5のように，保育所の利用児童数は2025年がピークになるようです。少子化傾向が続く一方，女性の就業率の増加を踏まえると，保育所の利用率は今後も伸びることが予想されます。それに合わせて，保育ニーズの内容は変化していくと思われます。

　日本の保育所は，家庭内の保育に欠ける子どもに対応するための福祉制度として始まりました（児童福祉法，1948年施行）。保育に欠けるとは，保護者の就労や病気などの理由から家庭内で十分に保育することができないという意味です。近年は保育所の入所の対象とならない児童を一時保育したり，地域の子育て支援センターとして家庭からの相談を受けたり助言を行うなど，地域社会における子育て支援の中心的施設としての役割が拡大しています。保護者以外の大人と関わり，他児と交流する機会は，子どもの育ちの上でも意義あることといえます。今後も変化する

保育ニーズに向き合い，社会動向に沿った対応を考えていくことも保育の役割の一つといえるでしょう。

2　育児のパートナーとして

　父親の育児参加は緩やかに進んでいますが，多くの家庭では母親に育児の負担がかかりやすく，育児不安を持つ母親は少なくありません。不安を抱えながら孤独に育児をする保護者にとって，保育所は大切なサポート源です。サポート（social support）とは「他者から得られる有形・無形の支援」のことであり，様々な分類方法があります。ハウス（House, J. S. 1981）によれば，サポートは「道具的サポート」「情報的サポート」「情緒的サポート」「評価的サポート」に分類されます[注5]。育児の場合，「道具的サポート」は忙しいときに子どもを預かる，育児グッズをプレゼントするなど実質的な支援のことであり，「情報的サポート」は育児に関する情報を提供する支援，「情緒的サポート」は育児に関する相談や悩みを聴くなど心理的な支援，「評価的サポート」は毎日の育児に対して感謝する，大変さをねぎらうなどフィードバックをすることです。サポートしてくれる人（サポート源）として，配偶者や実親，親戚などの親族やパパ友・ママ友と呼ばれる育児を通じた親同士の仲間が挙げられます。保育施設や子育て支援センター，ベビーシッターなど子育て支援に携わる人も重要なサポート源です。最近は，インターネットを介して知り合った人と育児の悩みを共有したり情報を得ることもあり，顔を合わせることのないサポート源も存在するようです。一つのサポート源から複数の種類のサポートを受ける場合もあります。夫婦ともに仕事の帰りが遅いため実母に保育施設に子どもを迎えにいってもらい，育児への不安を感じたときは話を聴いてもらうといった例が挙げられます。他方，情報はママ友から得て，育児に困ったときは実親に相談するなど身近なサポート源をうまく使い分けている母親も見られます。

　サポート源という視点から見ると，保育施設は様々な種類のサポートに関わっており，子育て支援の重要な役割を果たしていることがわかります。実親は遠くに住んでいる，ママ友がなかなかできない，近くに子育て支援センターがない等，サポートを必要としながら得る機会が限られている親も少なくありません。また，育児に困難さを抱えていて誰かに相談したいけれど自分からサポート源に近づくことができない親もいます。子育て支援を必要としながら，支援の手が届かない親が少なからず存在し，こうした家庭をどのように支援するかが大きな課題といえるでしょう。

注5　House, J. S. (1981) *Work stress and social support.* Reading, MA: Addison-Wesley.

【Work】事後学習

①アニメや映画など，多くの人が知っている家族を一つ挙げましょう。それがなぜ家族といえるのか，どのような特徴があるのか考えましょう。

_____

_____

_____

_____

_____

②「2　家族の機能」で示した三つの家庭の機能をもとに，家庭と保育施設の違いについてまとめましょう。

_____

_____

_____

_____

_____

＊巻末（p.176）に，本節のまとめとして【ワークシート 2-2】を掲載しています。探究的に課題に取り組み，幅広い視野を得て，さらに学びを深めましょう。

参考文献

神原文子・杉井潤子・竹田美知編著（2016）『よくわかる現代家族〔第2版〕』ミネルヴァ書房.

小田切紀子・野口康彦・青木聡編著（2017）『家族の心理──変わる家族の新しいかたち』金剛出版.

目黒依子（2007）『家族社会学のパラダイム』勁草書房.

工藤保則・西川知亨・山田容編著（2016）『〈オトコの育児〉の社会学──家族をめぐる喜びととまどい』ミネルヴァ書房.

親子関係・家族関係の理解と支援

家族や家庭を支援するには，親子関係や家族関係について理解する必要があります。親子と違い，家族はメンバーの数もそれぞれ異なるため，より客観的に捉えようという理論や方法があります。

〈エピソード〉Oと母親それぞれの悩み

　Oさんは，保育士になろうと思って大学を選び，そのためになればと思って学童保育でアルバイトもしています。だけど，実際に子どもに触れることで悩むことやうまくできないと感じることも多く，果たして本当に保育士になっていいのかな。向いているのかな？　と思ってしまっています。

　Oさんの母親も保育士で，悩みを相談しようかなと思うこともあるけれど，ずっと保育士を目指して頑張っているのを応援してくれていたから，「どう思うのかな。なんて言われるのかな」と思うと，なんだか言い出せないでいます。

　一方，Oさんの母親は最近アルバイトから帰宅するOの顔がなんだか元気がないと思っていました。自分と同じ保育士になるといって，保育士になれる大学に進学したけれど，課題や勉強で時々悩んでいるようにも見えます。「どうしたの？」と声をかけたい気持ちもあるけれど，なんと言ってあげればよいのか分からないし，結局心配しているものの，何も言えないでいます。

【Work】事前学習

○あなたは自分の悩みを家族に話すことができていますか。また，話せる悩みと話せない悩み
　はありますか。

_____

_____

_____

_____

1　家族システム

　家族心理学では，家族を一つのまとまりを持つシステム（あるまとまりを持った統合体）として捉えます。家族システム（家族のメンバーをひとまとまりのシステムとして捉える考え方のこと）では，夫婦，父子，母子，同胞（きょうだい）などがそれぞれサブシステムとして機能していると

考えます。

　家族を一つのシステムとして考えると，①家族の構造，②家族の機能，③家族の発達という三つの属性から説明することができます。例えば，①家族の構造とは，家族システムに含まれる家族のメンバーである，父親，母親，きょうだいなどを指します。②家族の機能とは，秩序立った家族のコミュニケーションや役割のパターンを指します。家族は，お互いに影響し合いますし，ある規則性をもって繰り返される家族独自の役割のパターンということもできます。

　例えば，サザエさんでいえば，①家族の構造とは，波平，フネ，サザエ，マスオ，タラオ，カツオ，ワカメとなるでしょうか。また，②家族の機能でいうと，フネとサザエが家事や育児で家庭を支え，波平やマスオが就労を通して生計を立てる，といったものがあるかもしれません。また，こういった構造や機能は，固定のものではなく，家庭によって様々に異なっています。一人の人が複数の機能を持つこともあると思います。

　そして，それぞれの家族は時間が経つとともに，構造も機能も変化させていきます。子どもが大きく成長すれば，独立して新たな家族を作ることもあるでしょう。そうすれば，それまであった家族からは子どもはいなくなり，新たに別の家族の構造が生まれることになります。もし子どもが生まれた場合には，それまで父と母だった機能が，さらに祖父と祖母という機能も加わることになります。このように，家族にはさらに③家族の発達という属性もあることがわかります。

　これまで説明してきたように，①家族の構造，②家族の機能，③家族の発達という三つの属性はそれぞれ独立しているというよりも，相互に関連し合いながら存在していることがわかります。

2　家族のライフサイクル

　個人の一生に発達のプロセスや段階があるように，家族も家族としてのプロセスや発達があるのではないかと考えられています。

　家族の発達的な側面を理解するために，家族の人生周期／ライフサイクルという考え方が大切です。エリクソンが個人の発達段階として8段階を述べたことは有名ですが，家族全体にも発達段階があると，最初にヘイリー（Haley J. 1976）が示しました[注1]。その後，岡堂（1986）は家族人生周期として夫婦の結婚に始まる家族関係の周期的変化を6段階にまとめました（表2-3-1）。個人と家族の人生周期には，大きな違いがあり

注1　Heley J.（1976）*Problem-Solving Therapy.*（佐藤悦子訳（1985）『家族療法——問題解決の戦略と実際』川島書店）。

表2-3-1　岡堂（1986）の家族人生周期

発達段階	心理的な移行過程	発達に必須の家族システムの第二次変化
第1段階 親元を離れて独立して生活しているが，まだ結婚していない若い成人の時期	親子の分離を受容すること	a. 自己を出生家族から分化させること b. 親密な仲間関係の発達 c. 職業面での自己の確立
第2段階 結婚による両家族のジョイニング，新婚の夫婦の時期	新しいシステムへのコミットメント	a. 夫婦システムの形成 b. 拡大家族と友人との関係を再編成すること
第3段階 幼児を育てる時期	家族システムへの新しいメンバーの受容	a. 子どもを含めるように，夫婦システムを調整すること b. 親役割の取得 c. 父母の役割，祖父母の役割を含めて，拡大家族との関係の再編成
第4段階 青年期の子どもを持つ家族の時期	子どもの独立をすすめ，家族の境界を柔軟にすること	a. 青年が家族システムを出入りできるように，親子関係を変えること b. 中年の夫婦関係，職業上の達成に再び焦点を合わせること c. 老後への関心を持ち始めること
第5段階 子どもの出生と移行が起こる時期	家族システムからの出入りが増大するのを受容すること	a. 二者関係としての夫婦関係の再調整 b. 親子関係を成人同士の関係に発達させること c. 配偶者の親・きょうだいや孫を含めての関係の再編成 d. 父母（祖父母）老化や死に対応すること
第6段階 老年期の家族	世代的な役割の変化を受容すること	a. 自分及び夫婦の機能を維持し，生理的な老化に直面し，新しい家族的社会的な役割を選択すること b. 中年世代がいっそう中心的な役割をとれるように支援すること c. 経験者としての知恵で若い世代を支援するが，過剰介入はしないこと d. 配偶者やきょうだい，友人の死に直面し，自分の死の準備を始めること e. ライフ・レビューによる人生の統合

出所：亀口憲治（2010）『改訂新版　家族心理学特論』日本放送出版協会をもとに筆者作成。

ます。個人の人生周期が生まれる時というのは，誕生する時であり，本人（新生児）には記憶に残る体験ではありません（母親にとっては，出産・分娩として深く記憶に残りますが）。しかし，家族が誕生する時というのは結婚をした二人（多くの場合夫と妻）によって意識レベルで共有することができ，深く記憶にとどめる体験になります。このように，親子関係と夫婦関係の出発点には大きな根本的な違いがあるということがわかります。

　個人も家族もそれぞれの発達の段階で発達課題をクリアしていくことを求められます。特に段階と段階の移行期には，家族システムが変化しなければいけなくなるため，家族にとって大きなストレスがかかる時期

とされます。

　この移行期には，家族の成長と成熟へのチャンスであると同時に危機的状況にもなることがあります。健康な家族は，てんやわんやしつつも，家族システムを柔軟に変化させて，新しいステージへと適応していきますが，不健康な家族の場合には，移行期になかなか移行できなくなったり，変化をすることができないなどして，家族の中に心理的な問題が生じることもあります。ボーゴ（Bogo, M. 2004）は，家族移行期の中でも第一子が誕生する時が家族にとって最も重い負担がかかる時期であるとしています。[注2]

注2　Bogo, M. (2004) "Empowering the spousal relationship to support Child-rearing," *The Japanese Association of Family psychology.*

3　家族の形態維持と形態変化

　システムは一度出来上がると，それをなるべく一定に保とうとします。家族システムは，一度出来上がった家族の暗黙のパターンやルールを逸脱しようとする働きが起きると，それを元に戻そうとします。これをネガティブ・フィードバック機能といいます。

　このように，構造や機能を一定にしようとする働きのことをモルフォスタシス（形態維持）といいます。環境や家族の発達に伴って，家族のルールを変えなければいけない時も出てきます。こういう時，健康な家族は，揺れながらも新しい家族のルールを生み出し，新しい局面になんとか適応していきます。このように，変化を起こす働きのことをポジティブ・フィードバック機能といい，それに伴って，変化が起きることをモルフォジェネシス（形態変化）といいます。しかし，不健康な家族の場合は，変化が妨げられ，元に戻そうとするネガティブ・フィードバック機能が起こり，そこで問題が生じることがあります。

　例えば，「毎晩夕ご飯は家族全員でとる」という暗黙のルールが出来上がっている家族がいるとします。その家族で，娘がボーイフレンドとの付き合いで夕食の時間に間に合わなかった時，おそらく父親か母親が門限というルールを持ち出して時間を守るように厳しく叱るかもしれません。門限というルールを持ち出すことで，娘を家族にとどめようとするネガティブ・フィードバックが起こるからです。しかし，娘が大学を卒業したり，就職したりなど，十分結婚することが想定できるような年齢になると，そのルールは変化し，門限がなくなるといったポジティブ・フィードバックが起こり，子どもはそのうち家を離れていくことになります。一方，不健康な家族の場合は，子どもが成長しても，門限のルールが変更されなかったり，頑なに守らせようとしたりします。そう

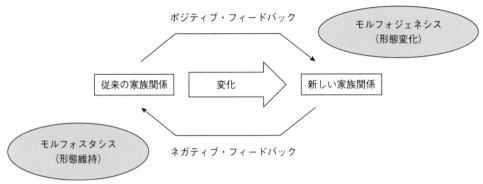

図2-3-1　家族システムの変化

出所：中釜洋子・野末武義・布芝靖枝・無藤清子（2008）『家族心理学——家族システムの発達と臨床的援
　　助』有斐閣をもとに筆者作成。

すると，いつまでたっても自立しない，自立できないような依存的な子
どもを作ってしまう可能性があります。

　このように，モルフォスタシスとモルフォジェネシスがうまくバラン
スが取れる家族システムが健康だといわれています（図2-3-1）。

4　ジェノグラムとエコマップ

　家族を理解するには，家族全体を見渡して理解することが必要になり
ます。家族それぞれを文字で記述すると，非常にわかりにくくなるため，
ジェノグラムという方法があります。

　ジェノグラムは，三世代以上の家族や親族の関係について，基本的な
記号などを用いて，家族の構造や関係性をわかりやすく表現する方法で
す。

　また，エコロジーマップ（以下，エコマップ）とは，ジェノグラムと並
んで関係性を視覚化する方法の一つです。ジェノグラムは，はっきりと
した事実をもとに作ることが多いとされていますが，エコマップは個人
の問題をより環境や地域，心理的な面での相互作用などを書き込んで作
ります。

　エコマップとジェノグラムはとてもよく似ています。しかし，ジェノ
グラムは，当事者の家族や環境の構成を示していますが，エコマップは，
当事者のネットワーク内にいる人々や，社会的資源の関係性，その他多
くのことを示します。そのため，エコマップの方が広がりの大きい図と
なることが多いです。

　保育現場においてジェノグラムやエコマップは，家庭環境に問題があ
ると見られる子どもや，家庭に対する支援に用いられています。事例に

事　例	書き方
①本児（支援の対象となる子ども）は二重に囲って書く。男性なら四角，女性なら丸で示す（性別不明は三角）。	
②年齢は記号の中に表す方法や，図形の下に記入する方法がある。	
③記号の中を黒く塗りつぶしたり，バツ印をつけたりすることで死亡したことを表す。また，女性が妊娠中の場合は三角形を書き込む。	
④婚姻関係 　夫と妻の記号を横線でつなぐことで，結婚していることを表す。子どもは実線をぶら下げ，先端に記号をつける。兄弟がいる場合は，横並びにつなげていく。 　離婚を表すには，横線の上から斜線を引く。場合によっては，二重の斜線を離婚，一重の斜線を別居として記すこともある。 　同居している人の記号を線で囲んで表現する。	

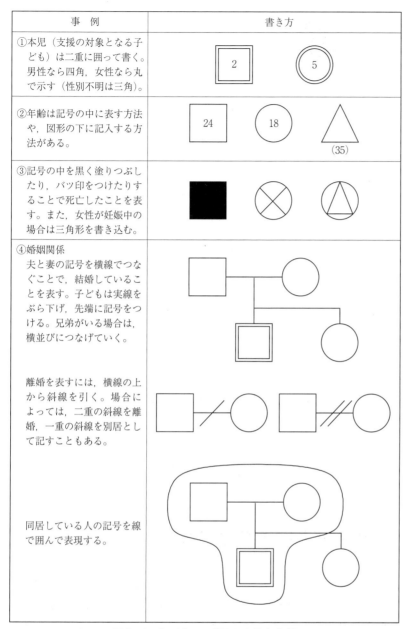

図2-3-2　ジェノグラムの書き方例

出所：筆者作成。

よっては，一緒に用いられることもあります。

　書き方の例として，図2-3-2のようになります。

　ジェノグラムを用いて，ある家族の構成や関係性を図2-3-3に示しました。ここから，どのようなことが読み取れるでしょうか。

　以下のようなことが読み取れます。

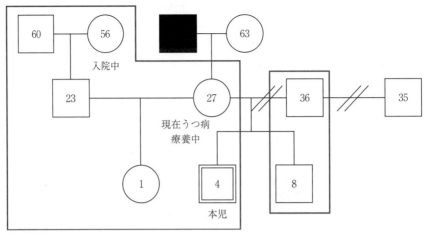

図2-3-3　ジェノグラムの例

出所：筆者作成。

- 母は二度離婚しており，本児は前夫との子
- 母はうつ病を疾患しており，現在療養中
- 本児には8歳になる兄がおり，兄は前夫に引き取られた
- 同居している1歳の妹は現夫との子
- 現夫の両親と同居しているが，祖母は入院中
- 母方の祖父は死去している

　このように，文章では読みづらい家族構成も，ジェノグラムを活用することで簡潔にまとめることができるのです。

5　親子関係の理解と子育て

　現代は子育てがしにくいといわれています。第2章第4節にもあるように，社会の様々な変化により，ワンオペ育児などと呼ばれるような（多くの場合）母親が一人で育児を負担するような状況になる家庭もあります。また，少子化などにより，気軽に子どものことについて質問する機会が少なくなり，インターネットなどで検索することで偏った情報に影響され，振り回されてしまうという問題も出てきました。

　このような現状を踏まえると，これからの保育者は子どもだけを支援するのではなく，親も支援する必要があります。そのためには，親子関係や子育てについて客観的に理解しておく必要があります。

6　親になる過程

　妊娠期間は10か月と言われますが，親になる準備は妊娠してから始まるわけではありません。「女性は母性本能があるから，子どもが産まれれば自然に子どもの世話をしたくなる」と言うことを聞いたことがあるでしょうか。これは母性神話と言われ，真実ではありません。男女にかかわらず，小さい頃から子どもと多く接したことがある方が，そうでないよりも子どもに対してポジティブな感情を持つという指摘もあります。注3

　妊娠期間の後に，赤ちゃんが誕生し，実際の生活が始まるわけですが，赤ちゃんの誕生からしばらくの間は，赤ちゃんのいる生活への適応の時期といえます。数時間おきに目覚めて泣く赤ちゃんのリズムに合わせて，ミルクをあげたり，オムツを変えたりとお世話をすることになります。親となった「自分」のことではなく，非常に未熟な状態で生まれてきた「赤ちゃん」が最優先になるわけです。

　この時期によく親から話される悩みとして，「なんで泣いているのかわからない」というものがあります。ミルクはあげた，オムツも変えた，抱っこもしてみた，だけど泣き止まない。「どうすればいいの？」と途方に暮れてしまうのです。

　赤ちゃんが0歳ということは，親もまた0歳。親になったからといって，すぐになんでもできるわけではないのです。泣いている赤ちゃんを放っておくわけにもいかないし，あまりに泣き止まないと病気なのではないかと不安になります。インターネットで検索してみても，余計に心配になることや，人によって言っていることや書いてあることが違いすぎて参考にならないこともあります。

　親もまた泣きたくなる気持ちを抱えながら，毎日試行錯誤して，赤ちゃんのお世話を続けます。その日々の積み重ねが，親となっていくのです。

7　親になることによる人格的成長と変化

　親になることでどのような人格的な成長や変化が見られるのでしょうか。その視点の一つとして，自己概念の変化があります。梶田（1988）によれば，自己概念とは「自分自身がどのような人間であるか」ということであり，自己概念の中核には，自己認識（自己の諸側面に対する冷静で正確な認識のこと）と自己評価あるいは自尊感情（認識された自己に対す

注3　花沢成一（1995）『母性心理学』医学書院。

注 4 梶田叡一 (1988)『自己意識の心理学』東京大学出版。

注 5 小野寺敦子 (2003)「親になることによる自己概念の変化」『発達心理学研究』14。

注 6 柏木恵子・若松素子 (1994)『「親となる」ことによる人格発達——生涯発達心理学的視点から親を研究する試み』5, 発達心理学研究。

注 7 辻岡美延・山本吉廣 (1978)「親子関係の類型——親子関係診断尺度 EICA」『教育心理学研究』26。辻岡美延・小高恵 (1994)「小・中・高校生における親子関係の認知構造の発達」『関西大学社会学部紀要』26。

る評価であり自己への肯定的感情のこと) があると述べています。小野寺[注4] (2003) は, 親になると母親は「怒り・イライラ」といった自己概念が徐々に強くなったと自己認識していることと, 自尊感情が低下する傾向にあることを明らかにしています[注5]。

また, 柏木・若松 (1994) は, 親になることによる人格的成長について調べています。その結果, 親になると①柔軟性 (考え方が柔軟になる) や②自己抑制 (自分の欲しいものが我慢できるようになった), ③運命・信仰・伝統の受容 (伝統や文化の大切さを思うようになった), ④視野の広がり (日本や世界の将来に関心を持つようになった), ⑤生き甲斐・存在感 (自分がなくてはならない存在だと思うようになった), ⑥自己の強さ (自分の立場や考えをちゃんと主張するようになった) などの点で自分は変化したと捉える傾向が見られたことを明らかにしています。また, その傾向は夫よりも妻の方が強いことも明らかになりました。そして, 夫の中でも, より育児に参加している父親の方が成長していると感じていました[注6]。

このように, 親になると自動的に「親になる」のではなく, 日々の子育ての積み重ねがあるからこそ, 親もまた成長・発達していると感じられるようになるのです。

8 親子関係と養育態度

親子関係を考えるうえで, 養育態度 (子育てともいわれる) という視点が重要です。

シェーファー (Schaefer, E. S. 1965) が子どもから見た親について,「受容 対 拒否」「心理的自律性 対 心理的統制」「厳しい統制 対 甘い統制」の三つを提唱しています。日本ではシェーファーやサイモンズの理論などを基にした親子関係を測定するものも作成・市販されています[注7]。

その後, バウムリンド (Baumrind, D. 1967) が養育態度を応答性と要求性という二次元から考えました。そして, 後に応答性と要求性という二次元を組み合わせてできる, 養育態度の 4 スタイルが考えられました (図 2-3-4)。以下の通りです。

①権威的な親 (authoritative)

高い応答性と高い要求性。指導力のある毅然とした態度がとれますが, 子ども自身の自己主張や要求についても応答的に支持できる態度のこと。

②権威主義的な親 (authoritarian)

低い応答性と高い要求性。子どもに従順さを求め, 親としてのルール

図2-3-4　バウムリンドの四つの養育態度

出所：Maccoby & Martin（1983）"Socialization in the context of the family: Parent-child interaction." *Handbook of child psychology*, 4 をもとに筆者作成。

や指導などは行いますが，子どもの要求や自己主張は受け入れない態度のこと。

③甘やかす親（permissive & nondirective）

　高い応答性と低い要求性。一見寛大で子どもの要求に応じようという態度はとりますが，子どもに必要なルールなどについて注意したりすることができません。

④放任・無視・無関心な親（rejecting-neglecting, disengaged）

　低い応答性と低い要求性。要求性も応答性も低い態度。親の子どもに対する無関心や拒否などに捉えられるような態度です。

　本節では，家族や家庭を支援するために必要となる親子関係や家族関係に関する理論について述べてきました。難しい言葉もあったかと思います。しかし，保育者は子どもだけでなく，親の置かれている状況まで客観的に捉えることが重要です。なんとなく寄り添うだけでは親も子も支えることができません。客観的に家族や家庭を捉えるためには，様々な理論や方法を用いて，理解しようとすることが大切なのです。

【**Work**】事後学習

①自身の家族についてジェノグラムを書いてみましょう。

②インターネットで育児に関するエッセイなどを見てみましょう。そして、どのようなことに
　悩んでいるのかなどを書き出してみましょう。

＿＿＿

＿＿＿

＿＿＿

＿＿＿

＿＿＿

＊巻末（p. 177）に，本節のまとめとして【ワークシート2-3】を掲載しています。探究的に課
　題に取り組み，幅広い視野を得て，さらに学びを深めましょう。

参考文献

Baumrind, D.（1967）"Child care practices anteceding three patterns of pre-school behavior." *Child Development*, 37.

Bogo, M .（2004）"Empowering the Spousal relationship to Support Childrearing" *The Japanese Association of Family Psychology.*

花沢成一（1995）『母性心理学』医学書院.

Heley, J.（1976）*Problem-Solving Therapy.*（佐藤悦子訳（1985）『家族療法——問題解決の戦略と実際』）.

中釜洋子・野末武義・布芝靖枝・無藤清子（2008）『家族心理学——家族システムの発達と臨床的援助』有斐閣.

小野寺敦子（2014）『親と子の生涯発達心理学』勁草書房.

Schaefer, E. S.（1965）"Children's reports of parental behavior: An inventory." *Child development*, 36.

子育て経験と親としての育ちの理解と支援

子どもが誕生すれば，夫婦は父親・母親になりますが，多くの動物と違ってヒトの子どもは大変未熟な状態で誕生するため，子どもの命を守るために「親をする」，つまり育児をすることが必要不可欠です。「親をする」ことを通して，親自身はどのように発達するのでしょうか。

〈エピソード〉親になって変わったこと

　Lさんは大学2年生です。最近，Lさんの年上のいとこ（男性）に初めての子どもが誕生しました。里帰り出産から自宅に戻ってしばらく後，Lさんは誕生祝いを持っていとこの家に遊びに行きました。生後3か月の赤ちゃんはとてもかわいらしく，Lさんは赤ちゃんをそっと抱っこさせてもらいました。久しぶりにいとこと話をすると，いとこは立ち合い出産をしたこと，父親になった喜びや，仕事を張り切っていることなどを笑顔で話してくれました。いとこ夫婦はどちらも会社員で，夫婦で話し合って妻が育児休業を取得することにしたそうです。いとこも職場の育児休業制度を利用したいと思い，職場の上司に申し出ましたが，「うちの会社はまだ前例がないからなあ。人が足りないのはわかっているだろう？」と難色を示したそうです。疑問を感じながらも制度の利用を強く求めることができなかったのは，昇進など今後のキャリアへの不安があるためでした。残業続きの毎日で，仕事が休み難く，育児が妻任せになっていることを話してくれました。一方で，帰宅後に子どもの顔を見ると疲れが飛んで，笑顔になれるそうです。また，休日に妻と子どもと近くの公園に出かけることが楽しみだそうです。

　Lさんは，父親として張り切るいとこを頼もしく感じながら，心から応援したくなりました。同時に，子どもを持つと夫婦が育児を分担することは当たり前と考えていたため，現実的な難しさを知って少し複雑な気持ちになりました。

【Work】事前学習

①親が育児をするうえで，社会の中にはどのような制約や難しさがあるでしょうか。エピソードを参考に考えてみましょう。

_____

_____

_____

_____

_____

②自分の親や祖父母など，育児経験がある人に「子育てをして自分自身が成長したと感じるこ

と」について話を聞いてみましょう。

_____

_____

_____

_____

_____

1　親になると何が変化するのか

　妊娠期から少しずつ，親を取り巻く環境は変化していきます。以下のような変化に適応しながら，親は個々に異なるペースや方法で「父親」・「母親」へと移行していきます。

1　生活の変化

　子どもを持つことで物理的にも人的にも生活環境は大きく変わります。ヒトの子どもは他の動物と比べて未熟で脆弱な状態で生まれるため，移動や栄養摂取，体温維持など自律的に行うことができません。そのため親は生活時間の大半を子どものケアのために使うことになります。例えば，新生児は一日で10回前後の授乳をするため，母親は睡眠不足になりがちです。家庭内は子どもが安全に育つ環境に整えられ，ベビー用品や育児グッズも増えていきます。

▶1　育児休業制度
「育児・介護休業法」に定められた両立支援制度で，子どもが1歳（場合により2歳）に達するまで申出により育児休業の取得ができる。両親ともに取得する場合は，子どもが1歳2か月に達するまで延長される「パパ・ママ育休プラス」制度や，父親が2回育児休業を取得できる出生時育児休業（「産後パパ育休」）がある。

注1　厚生労働省（2022）「令和3年度雇用均等基本調査」。

2　就業状況の変化

　子どもが少し成長すると，育児休業制度を利用する親[▶1]は子どもを保育所等に預けて職場に復帰します。日本では育児休業制度を利用するのは母親が多く，父親の育児休業取得率は2021年で13.97％と，過去最高にはなったものの他国と比べてもかなり低い状況です[注1]。育児休業後に職場復帰する際には，職場環境に新たに適応することが求められます。もとのように職場で働くことができるか，子どもを保育施設に預けて大丈夫かなど，職場復帰に伴う不安を持つ人は少なくありません。

3　夫婦関係の変化

　親へと移行する中で，夫婦関係は少なからず変化します。それまで名前で呼び合っていた夫婦が，子どもの誕生を機に「パパ」「ママ」など

互いの呼び名を変えることもあります。子どもを持つことによる夫婦間の変化を研究したベルスキー（Belsky, J.）とケリー（Kelly, J）によると，親への移行期は育児・家事分担や経済問題，仕事の調整などを巡って夫婦間の摩擦が起きやすく，夫婦間の愛情やコミュニケーションが減少しやすいため，夫婦関係が悪化しやすくなります。[注2] 子どもへの愛情や新しい家族意識など，肯定的な感情の強さが夫婦関係を良好にするようです。

注2　J. ベルスキー，J. ケリー（1995）『子供をもつと夫婦に何が起こるか』草思社，10-60頁。

4　人間関係の変化

人的環境の変化として，「パパ友・ママ友」と呼ばれるような育児を通じた親同士の仲間関係や，地域の子育て支援センターや保育施設における保育者との新しい関係が生まれていきます。性格や価値観，道徳観といった内面的な共通性よりも，住居が近い，子どもの保育施設が同じといった近接性が優先されがちです。最近では，ママ友作りのアプリなど，インターネット上で友達を作る場合もあるようです。

2　親になることによる発達

親への移行に伴う環境変化は，一時的にせよ親の心に様々な混乱をもたらします。子どもが泣き止まない，家族が手伝ってくれないなど，過去に思い描いたような育児ができずに自信をなくすことやサポート不足に悩むこともあり，育児に関するストレスや負担感を抱えてメンタルヘルスが損なわれる場合もあります。我が子を育てることによって親自身の過去の記憶がよみがえる人や，育児に高い期待を持っている人，もともと物事をネガティブに認知しやすい人は，親への移行に伴う混乱がより大きくなるでしょう。多くの親は一時的に混乱しながらも乗り越えようとし，回復する過程でより柔軟に物事を知覚する力や，適切に問題解決する力を身に付けていきます。[注3]

注3　氏家達夫（1996）『親になるプロセス』金子書房，1-49頁。

前節でも述べましたが，親への移行に伴う発達を，柏木・若松（1994）は人格的発達の視点から捉えました。この研究では，人格的発達には「柔軟性」，「自己抑制」，「視野の広がり」「運命・信仰・伝統の受容」「生きがい・存在感」「自己の強さ」の六つの側面があることが明らかにされています（表2-4-1）。

また，森下（2006）は，父親になることによる発達を，「家族への愛情」「責任感や冷静さ」「子どもを通しての視野の広がり」「過去と未来への展望」「自由の喪失」の側面から捉えています（表2-4-2）。これらの発達は，子どもの育て方について夫婦や職場など周囲の人たちと話

表 2 - 4 - 1　親となることによる発達

因子名	項目例
柔軟性	角がとれて丸くなった。 考え方が柔軟になった。
自己抑制	他人の迷惑にならないように心がけるようになった。 自分のほしいものなどが我慢できるようになった。
視野の広がり	日本や世界の将来について関心が増した。 環境問題（大気汚染・食品公害など）に関心が増した。
運命・信仰・伝統の受容	物事を運命だと受け入れるようになった。 運や巡りあわせを考えるようになった。
生きがい・存在感	生きている張りが増した。 長生きしなければと思うようになった。
自己の強さ	多少他の人と摩擦があっても自分の主義は通すようになった。 物事に積極的になった。

出所：柏木惠子・若松素子（1994）「『親となる』ことによる人格発達――生涯発達的視点から親を研究する試み」『発達心理学研究』5（1）をもとに筆者作成。

表 2 - 4 - 2　父親となることによる発達

因子名	項目例
家族への愛情	家族への愛情が深まった。 家族の中で幸せだと感じるようになった。
責任感や冷静さ	仕事に積極的に取り組むようになった。 甘えがなくなった。
子どもを通しての視野の広がり	親子連れに関心を向けるようになった。 子どもを通して付き合いの幅が広がった。
過去と未来への展望	自分の親が自分をどのように育ててくれたのか考えるようになった。 自分が子どもの頃を思い出すようになった。
自由の喪失	時間的余裕がなくなった。 行動範囲が狭まった。

出所：森下葉子（2006）「父親になることによる発達とそれに関わる要因」『発達心理学研究』17（2）をもとに筆者作成。

をするなど，育児に関心を持つことによって促進されるようです。

　発達の捉え方は研究によって異なりますが，このような親の心の発達的変化に性差はないようです。柏木・若松（1994）では，変化は父親より母親の方に顕著に見られていますが，その理由は育児の経験量の違いによるものと考えられています。

　最近の研究では，子どもとの触れ合いや相互作用によって，ヒトの脳活動や身体に変化が生じることが解明されています。[注4] 例えば，子どもとのスキンシップは，オキシトシンと呼ばれる乳児への愛情や育児行動と関係するホルモンの分泌を促進します。男女を問わず日常的に子どもと多くの触れ合いをする人は，養育者としての脳が発達しているといえます。

注4　明和政子（2019）『ヒトの発達の謎を解く――胎児期から人類の未来まで』筑摩新書，98-107頁。

3　親への移行に伴う社会的環境

　親を取り巻く社会的環境にはいくつもの課題があります。親が成長を
していくためには十分に育児関与することが必要ですが，現代社会では
親は思うように育児に時間がとれないという問題があります。また，仕
事の過重負担や働く母親が増加する中で，仕事と家庭の両立が難しいと
感じている親は少なくありません。多くの親が乗り越えなければならな
い課題について考えていきましょう。

1　ワーク・ライフ・バランスの課題

　ワーク・ライフ・バランスとは，自分の時間を仕事とそれ以外（育児
や介護，趣味や学習，休養，地域活動など）でどのように割り当てているか
を意味しており，バランスよく充実させるような生き方の意味が含まれ
ています。仕事をもつ育児期の親にとって，仕事と家庭（育児や家事）
を両立すること，すなわちワーク・ライフ・バランスをとることは重要
な課題です。2007年に内閣府により「仕事と生活の調和（ワーク・ライ
フ・バランス）憲章」及び「仕事と生活の調和推進のための行動指針」
が策定され，国民全体の仕事と生活の調和を図るために制度や環境整備
などの促進・支援策に積極的に取り組む方針が示されました。

　しかし，実際に仕事と家庭のバランスをとることは容易ではなく，一
人の人が仕事や家事，育児と同時に複数の役割を担う「多重役割」の問題
が起きています。仕事と家庭それぞれの領域から期待される役割がぶつか
り合うと，「ワーク・ファミリー・コンフリクト（役割葛藤）」が生じます。
一方の役割からの要求のために，もう一方の役割の達成がうまくいかない
葛藤を意味しており，例えば，子どもが熱を出したときに仕事を早退して
保育所に迎えに行く，仕事が忙しくて家事が思うようにできないといった
状態です。「仕事も家庭も」とどちらも一生懸命にやろうとしても，時間
や心身のエネルギーには限りがあります。過重負担になると，うつ状態な
どのストレス反応を高めることもあります。他方，多重役割にはプラス面
もあります。社会的地位やアンデンティティの獲得，様々な役割を遂行す
ることによる満足感や自己肯定感の増加などです。子どもと離れ，職業人
としての時間を過ごすことにより，自分らしく生きる時間を持つことが可
能になることで，心理的健康が促進する可能性もあります。

注5　ワーク・ライフ・バランスについては，第3章第2節も参照。

注6　その後，施策の進捗や経済情勢の変化を踏まえて新たな視点や取り組みを盛り込みながら2010年に政労使トップによる新たな合意が結ばれている。

▶2　多重役割
多重役割については「欠乏仮説」と「増大仮説」がある。「欠乏仮説」は，人の時間やエネルギーには限りがあるため，複数の役割間で時間やエネルギーの配分をめぐって葛藤が起き，結果的に心理的満足感や幸福感が低下するという説。「増大仮説」は，複数の役割を担うことで，エネルギーが増大し，結果的に心理満足感・幸福感が高くなるという説。

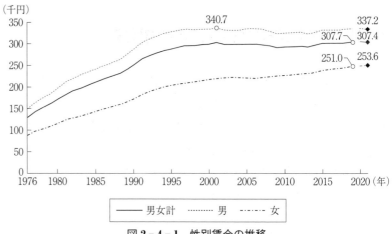

図 2 - 4 - 1　性別賃金の推移

注：2018年以前は，調査対象産業「宿泊業，飲食サービス業」のうち「バー，キャバ
　　　レー，ナイトクラブ」を除外している。
　　　2020年より有効回答率を考慮した推計方法に変更している。
　　　線上の○印は2019年以前における賃金のピークを，◆印は本概況での公表値を示す。
出所：厚生労働省（2021）「賃金構造基本統計調査」をもとに筆者作成。

2　ワーク・ライフ・バランスの背景

　ワーク・ライフ・バランスの意識は高まっていますが，育児や家事の大半を母親が担う現状では，ワーク・ライフ・バランスの課題は母親に偏りがちです。背景には，「男性より女性の方が育児に向いている」「父親の役割は家族のために仕事を頑張ること」といった性別役割分業の考えがあります。また，職場環境が男性中心に構築されてきた日本では，図 2 - 4 - 1 のように男女の賃金に開きがあります。賃金の男女差が大きいと，どちらかが家庭を優先する必要がある場合，家計の中心は父親になりがちです。そのため，パートタイム労働を選択する，時短勤務にする，育児休業を取得するなど母親が仕事量を調整する傾向があります。結果的に母親は「マミー・トラック（mommy track）」と呼ばれる昇進▶3から外れたキャリアルートを歩む可能性が高くなります。こうした背景のもと，女性は仕事も家庭も両方頑張るか，家庭のために仕事を退職・調整するかといった選択を迫られることになりがちです。

3　父親の育児

　「ワンオペ育児（ワンオペレーション育児の通称）」という言葉があります。ワンオペレーションとは，もともとは一人がすべての業務を行っている状態のことであり，例えば，飲食店で一人勤務するような過酷な労働状況が社会問題になったことを踏まえ，育児や家事を主に母親が担っている状態を意味します。

▶3　マミー・トラック
（mommy track）
働く母親が仕事と育児を両立させるために，補助的な職種や分野で時短勤務を利用するなど，昇進・昇格とはあまり縁がないキャリアコースを歩むこと。トラックは"競争路"の意味を持つ。

　母親に偏りがちな育児や家事の負担を緩和するため，2010年度から厚生労働省による「イクメンプロジェクト」が始まりました。このプロジェクトは，男性の育児への積極的な関与や育児休業取得を目指すため，社会の気運を高めることを目的としています[注7]。社会的に父親の育児参加が求められている背景には，少子化対策や女性の労働力の確保という政治的な目的もあります。

　仕事に偏りがちな育児期の父親の中には，もっと育児に関与したいが時間がないため仕方がないという人もいます。育児休業を例にすると，日本の父親の育児休業制度は整っており，制度上で認められた育休期間の長さは世界一位，育児給付金（育休中に支払われるお金）も決して少なくありません[注8]。ところが，実際に日本の父親が取得している育休期間は世界的に見ると非常に低くなっています。育児休業を取得したいが，職場で取りづらいという課題もあります。父親が育児休業を取得しても職場で不利にならないことを保証したり安心感を形成したりすることが求められます。

注7　「イクメン」を広く浸透させるために，イクメンプロジェクトサイトも開設されている。https://ikumen-project.mhlw.go.jp/（2023年10月12日閲覧）。

注8　山口慎太郎（2019）『「家族の幸せ」の経済学』光文社新書，112-173頁。

4　多様な子育て支援

　親が思うように育児関与できない課題を解決するために，育児の外部化は今後ますます進み，親に代わって育児をする「アロマザリング」[注9]の必要性はさらに大きくなっていくと思われます。子育て支援施設は，子どもの育ちのプロセスにも様々な形で関与していくことが予想されます。

注9　第2章第2節を参照。

1　多様な保育のあり方

　2015年4月に施行された「子ども・子育て支援新制度」（内閣府）により，子育て支援を必要とするすべての家庭が保育施設を利用できる取り組みが始まりました。保育所，幼稚園，認定こども園に地域型保育（家庭的保育（保育ママ）・小規模保育・事業所内保育・居宅訪問型保育）が加わり，保育の形が多様になったことで利用者の選択肢が増えています。また，保育施設を利用する際の「保育を必要とする理由」の幅も広がりました。就労，妊娠，出産，保護者の疾病・障害，同居又は長期入院等している親族の介護・看護，災害復旧等の従来の事由に加えて，求職活動，就学，虐待やDV（ドメスティック・バイオレンス）のおそれがあること，育児休業取得中に既に保育を利用している子どもがいて継続利用が必要であることが追加されました。就労の事由については，パートタイム，夜間，居宅内の労働等が明記されるとともに，保育を必要とする

事由や保護者の状況に応じて「保育標準時間」（最長11時間。フルタイム就労を想定した利用時間）と「保育短時間」（最長8時間。パートタイム就労を想定した利用時間）と認定が区分されています。また，2016年から企業主導型保育事業や企業主導型ベビーシッター利用者支援事業の仕事・子育て両立支援事業も始まっています。この取り組みは，子育て世代の離職の防止や就労の継続，女性の活躍等を支援する目的で保育費用の支援をするものです。

2　保育施設に求められる子育て支援機能

　保育施設には，通常の業務に支障のない範囲で子育て支援を担うことも求められています。保育所保育指針第4章の「3. 地域の保護者等に対する子育て支援」の中には下記が挙げられています。

引用1　厚生労働省編（2018）『保育所保育指針解説』フレーベル館，339-340頁。

　地域に開かれた子育て支援
　　ア　保育所は，児童福祉法第48条の4の規定に基づき，その行う保
　　　育に支障がない限りにおいて，地域の実情や当該保育所の体制等
　　　を踏まえ，地域の保護者等に対して，保育所保育の専門性を生か
　　　した子育て支援を積極的に行うよう努めること。
　　イ　地域の子どもに対する一時預かり事業などの活動を行う際には，
　　　一人一人の子どもの心身の状態などを考慮するとともに，日常の
　　　保育との関連に配慮するなど，柔軟に活動を展開できるようにす
　　　ること。

　厚生労働省による2021年度の「地域における保育所・保育士等の在り方に関する検討会の取りまとめ」によると，2025年に保育所の利用児童数はピークを迎えることを踏まえて，保育施設の新たな役割について検討が進められ，0〜2歳児の子育て支援（地域支援）を強化していくことが示されています。保育施設には，今後さらに子育て支援の機能が求められていくと思われます。

3　市町村における子育て支援機能

　「子ども・子育て支援新制度」で，市町村は地域の子育て家庭の状況やニーズを把握した上で「市町村子ども・子育て支援事業計画」を5年毎につくることになり，子育て支援は地域主体で進められることになりました。また，地域子ども・子育て支援事業として，情報提供や支援を紹介する「利用者支援」，親子の交流や育児相談ができる場所を提供す

注10　内閣府（2015）「子ども・子育て支援新制度」2023年4月より子ども家庭庁へ移管。

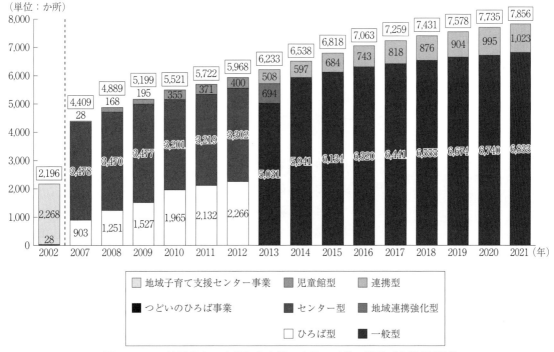

図2-4-2　地域子育て支援拠点事業の実施か所数の推移【事業類型別】

注：1）2002年度は地域子育て支援センター事業・つどいの広場事業実施数。
　　　2013年度・2014年度に類型の変更を行っている。
　　2）実施か所数は交付決定ベース（2013年度は国庫補助対象分）。
　　　2021年度は重層的支援体制整備事業の交付決定分も含む。
出所：こども家庭庁（2021）「令和3年度地域子育て支援拠点事業実施状況」https://www.cfa.go.jp/assets/contents/node/
　　basic_page/field_ref_resources/321a8144-83b8-4467-b70e-89aa4a5e6735/1ebd5b1d/20230401_policies_kosodateshien_shien-
　　kyoten_15.pdf（2023年10月12日閲覧）をもとに筆者作成。

る「地域子育て支援拠点」，家庭での保育が困難なときに保育施設等が一時的に子どもを預かる「一時預かり」，子育ての援助を受けることを希望する人と，援助を行うことを希望する人との連絡・調整を行う「ファミリー・サポート・センター」，保護者の出張や病気など家庭で保育ができない場合に，短期間の宿泊で子どもを預かる「子育て短期支援」，病児を病院・保育所などに付設されたスペースで預かる「病児保育」など様々な事業が行われています。

　厚生労働省は地域社会が家庭の子育て機能を支援するため，児童福祉法（1947年法律第64号）第6条の3第6項に基づき，「地域子育て支援拠点事業実施要綱」を定め（2014年4月1日から適用），親子の交流の場の提供と交流の促進，子育て等に関する相談，援助の実施，地域の子育て関連情報の提供等を行っています。地域子育て支援拠点の数は年々増加し，2021年では全国で7,856か所になっています（図2-4-2）。実施場所として保育所や認定こども園，児童館や公民館などが使用されています。

　また，2022年6月に改正された児童福祉法において，子育て支援を担う身近な相談機関として新たに「地域子育て相談機関」が創設され，同じく新設される「こども家庭センター」と連携して取り組む形が示されています。「地域子育て相談機関」は保育所等が担うことが想定されるなど，今後も社会動向に合わせた新しい形で子育て支援機能が展開されることが予想されます。

4　関係性を支援する

　子育て支援を通じて親同士のつながりを増やしていくことも大切な支援です。一つ目は，親子関係を支援することです。保育が長時間になるほど子どもは親と過ごす時間が短くなり，親子が関わる全体量は減ります。家事をする間はいつも動画を見せたり，絵本の読み聞かせや親子が一緒に遊ぶ時間が限られることで，子どもの発達に影響がないか不安を感じる親もいることでしょう。毎日少しでも子どもと交流する時間をつくったり，食事や入浴などのタイミングで積極的に関わったりするなど，親子の相互作用の質を確保していくことが必要です。そのためにも，保育施設での子どもの様子や，子どもが好きな遊びや得意なことを具体的にわかりやすく親に伝えていくことにより，親は子どもの新たな一面を発見したり，遊び方のヒントを得たりすることができます。育児の相談にのる，日頃の大変さをねぎらうなど，親の不安を軽減し情緒を安定させることも大切です。

　二つ目は，親同士のネットワークづくりを支援することです。近年，育児相談の相手として，保育者のニーズが高まっています。他方，ママ友と呼ばれる親同士の仲間はつながりが減ってきています。保育者自身が情報源や相談相手になるなどサポート源になることも大切ですが，保育施設が拠点となり，親同士の仲間づくりのきっかけを提供することも大切な支援といえます。

【**Work**】事後学習
①現在の育児休業制度のしくみや現状について調べましょう。

_____
_____
_____
_____
_____

②自分が住んでいる地域にはどのような子育て支援制度（子育て支援センター，ファミリー・サ
　ポート・センター，児童館など）があるか調べましょう。

_____

_____

_____

_____

_____

＊巻末（p. 178）に，本節のまとめとして【ワークシート 2 - 4】を掲載しています。探究的に課
　題に取り組み，幅広い視野を得て，さらに学びを深めましょう。

参考文献

柏木惠子（2011）『父親になる，父親をする──家族心理学の視点から』岩波
　書店.

第 3 章

子育て家庭に関する現状から考える
子ども家庭支援

子育て家庭に関する現状を理解し課題を考えることがなぜ必要か

　みなさんが保育者となったとき，子育て家庭と関わります。この子育て家庭の現状は，近年，めざましく変化しています。この子育て家庭の状況の変化について，その時代背景などを踏まえて理解していきましょう。

〈エピソード〉サザエさん一家はいずこ

　5歳児のJちゃんは日曜の夕方に「サザエさん」を見ます。ある日お母さんに，「ねえ，サザエさんの家のおじいさんとおばあさんは，なんでお家に帰らないの？」と不思議な顔をして質問しました。Jちゃんにとって，生活をする家族に祖父母が含まれているという考えがあまりないようです。

　そういえば，Jちゃんの周りの友達にも祖父母と生活をしている子はいないことをお母さんは思い出すのでした。

【Work】事前学習

○あなたの所属している「世帯（一緒に住んでいて生計をともにしている人の集合）」には誰がいますか。

_____

_____

_____

1　多様化する世帯構成

　「標準世帯」という言葉を知っていますか。標準世帯とは，4人世帯で有業者一人という構成を指します。父親は働いていて，母親は専業主婦，子どもは二人という世帯が例に挙げられます。1974年の統計局家庭調査では，標準世帯が全世帯の1位の割合でまさに日本の“標準”の世帯でした。日本では，この標準世帯に基づいて，統計局が家計調査しています。しかしながら，近年この標準世帯という枠組み自体が，“標準”ではなくなってきています。2017年の家計調査では，標準世帯のシェア率は4.6%，第9位となり，最も多い代表的な世帯は，無業の一人世帯

表3-1-1 諸外国における年齢別人口の割合

国　名	年齢（3区分）別割合（%）		
	0〜14歳	15〜64歳	65歳以上
世界	26.1	65.7	8.3
日本	12.4	60.3	27.3
ドイツ	12.9	65.9	21.2
イタリア	13.7	63.9	22.4
韓国	14.0	72.9	13.1
スペイン	14.9	66.3	18.8
ポーランド	14.9	69.5	15.5
シンガポール	15.5	72.8	11.7
カナダ	16.0	67.9	16.1
ロシア	16.8	69.9	13.4
中国	17.2	73.2	9.6
スウェーデン	17.3	62.8	19.9
イギリス	17.8	64.5	17.8
フランス	18.5	62.4	19.1
アメリカ合衆国	19.0	66.3	14.8
アルゼンチン	25.2	63.9	10.9
インド	28.8	65.6	5.6
南アフリカ共和国	29.2	65.7	5.0

注：1）資料：United Nations "World Population Prospects The 2015 Revision Population Database"
　　2）ただし，諸外国は，2015年時点の数値，日本は総務省「人口推計（平成28年10月1日現在（確定値））」による。
出所：内閣府（2017）「平成29年度版　少子化社会対策白書」https://warp.da.ndl.go.jp/info:ndljp/pid/12772297/www8.cao.go.jp/shoushi/shoushika/whitepaper/measures/w-2017/29pdfhonpen/29honpen.html（2023年12月16日閲覧）をもとに筆者作成。

となっています[注1]。

　みなさんの所属する世帯はどうでしょうか。両親がともに働いている共働き世帯や，ひとり親の世帯もあるでしょう，また，祖父母と生活している三世代世帯や，一人世帯の人もいます。このように多様な世帯が存在し，その営みも様々です。

2　少子高齢化社会の影響

　なぜ，標準世帯の数が少なくなったのでしょうか。様々な要因が考えられますが，代表的なものとして，少子高齢化があげられます。表3-1-1は諸外国と日本の年齢別人口の割合を示したものです。日本は，0〜14歳という年少人口が12.4%で世界の平均割合の26.1%の半分も満たしておらず，15〜64歳という生産年齢人口も低く，65歳以上の高齢人口が著しく高い（日本27.3%，世界8.3%）のです。このことからも，日本が，子どもが少なく高齢者が多い，つまり少子高齢化の国であることがわかります。

注1　是枝俊悟（2018）「総世帯数の5％にも満たない『標準世帯』」大和総研レポート，https://www.dir.co.jp/report/column/20180710_010074.html（2023年10月21日閲覧）。

▶1　年少人口，生産年齢人口，高齢人口
人口の年齢分布を比較する際に用いる用語である。年少人口は0〜14歳であり，その国の未来の生産年齢人口である。生産年齢人口が労働者の人口である。

　少子高齢化の進展によってどのような影響があるのでしょうか。まず，子どもが少ないということは，次世代の働き手，つまり税金を納める生産年齢人口が減っていくことを示唆しています。また高齢者が多いということは，高齢者の年金を支える税金の比重が働き手に大きな負荷をもたらすことにもつながります。そうなると，働き盛りの人たちは税金が多いことから消費活動が減退し，購買意欲も減少します。結果として個人消費や民間住宅投資など国内需要の減少が起き，経済規模の縮小も起きます。また，労働力不足による我が国の投資先としての魅力が低下し，それが国際競争力の低下へとつながります。さらには医療・介護費の増大など社会保障制度の給付と負担のバランスの崩壊，財政の危機，基礎的自治体の担い手の減少など様々な社会的・経済的な課題が深刻化することとなるのです。少子高齢化はわが国の喫緊の課題であるといえます。

　本章では，このような多様な家庭のあり方や，少子高齢化の社会が，子育て家庭に与える影響について説明します。第2節では，少子高齢化の原因について知り，少子高齢化のなかでの子育ての特徴について紹介します。第3節では，社会的な変化に伴い，子育て家庭も多様化していること，そしてそのような家庭に対してどのような理解や支援が行われているか学びます。第4節では，多様な家族の中でも特に特別な配慮が必要な家庭における支援について考えます。

【Work】

＊巻末（p. 179）に，本節のまとめとして【ワークシート3-1】を掲載しています。探究的に課題に取り組み，幅広い視野を得て，さらに学びを深めましょう。

子育ての社会状況の理解と支援

日本の子育ての社会状況は，この数十年で大きく変化しました。本節では，少子高齢化にともない，子育てを取り巻く状況や子育てそのものの状況がどのように変化したのか解説していきます。

〈エピソード〉童謡『赤とんぼ』の時代

　大学生のVさんが保育実習で子どもたちと一緒に童謡を歌う機会がありました。童謡『赤とんぼ』（作詞：三木露風　作曲：山田耕作）の歌詞がふと気になり調べてみました。

　最後のフレーズで「負われて見たのはいつの日か」という歌詞があります。これは，15歳でお嫁に行った姐や（子守として雇われた少女）の背におんぶされて夕焼けを見た子どもの目線で書かれているということがわかりました。

　歌詞を調べた後，「小学生のころ弟を背負ってかくれんぼをした」というVさんの祖母の昔話をふと思い出しました。そう遠くない昔は，子どもが子守りを担っていたことを，ふと身近に感じたのでした。

【Work】事前学習

○みなさんが10代前半の頃，子どもを背負って子守りをすることはほとんどなかったと思います。なぜ子どもが子守りをしなくなったのだと思いますか。

_____

_____

_____

_____

1　少子高齢化の問題とは

1　少子化とは

　少子高齢化は，わが国の喫緊の課題です。特に，少子化については，とても深刻な状況です。図3-2-1に日本の出生数と合計特殊出生率の推移を示しました。日本では，年間の出生数が最も多かったのは，第1次ベビーブーム期の約270万人でした。その後，第1次ベビーブーム期に生まれた人たちの子どもの出生期が第2次ベビーブーム期で約210万人でした。しかし，第3次ベビーブームは訪れず，1991年以降は，増加

▶1　合計特殊出生率
「15〜49歳までの女性の年齢別出生率を合計したもの」で，一人の女性が一生の間に生むとしたときの子どもの数のこと。

99

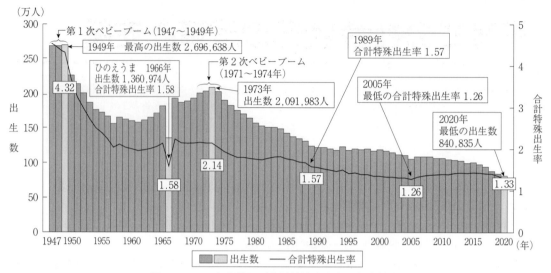

図3-2-1　出生数及び合計特殊出生率の年次推移

出所：内閣府「令和4年版　少子化社会対策白書」https://warp.da.ndl.go.jp/info:ndljp/pid/12772297/www8.cao.go.jp/shoushi/shoushika/whitepaper/measures/w-2022/r04pdfhonpen/r04honpen.html（2023年12月16日閲覧）をもとに筆者作成。

と減少を繰り返しながら，緩やかな減少傾向となっています。2020年の出生数は84万835人で，第1次ベビーブーム期と比較すると約3分の1以下まで出生数は減少しています。少子化の指標である合計特殊出生率で見ると，4以上から最近では1.3台になっています。2020年では，出生率が高いアジア圏では韓国0.83，シンガポール1.1に次いで低く，出生率が全体的に低い欧米諸国と比較してもスペインやイタリア1.2に次いで低いことがわかります。人口を維持するためには合計特殊出生率2.08が必要といわれていますが，日本の人口は，このままでいくと2050年ごろには8,000万人程度まで減り，65歳以上が5人に2人になると予想されています。

2　高齢化とは

　日本は，まれにみる高齢化が進んだ国です。2020年の高齢化率は28.6%（図3-2-2）で，4人に1人以上が高齢者であるといえます。

　高齢化率7%以上の社会を「高齢化社会」といい，日本は1970年に高齢化社会を迎えました。さらに，高齢化率14%以上の社会を「高齢社会」といい，高齢化率21%以上の社会を「超高齢社会」といい，日本は1994年に高齢社会に，2007年に超高齢社会となりました。

　高齢化の波は，先進国で進んでいます。日本に特徴的なのは，高齢化の速度です。高齢化率が7%を超えてからその倍の14%に達するまでの所要年数（倍加年数）によって比較すると，フランスが126年，スウェー

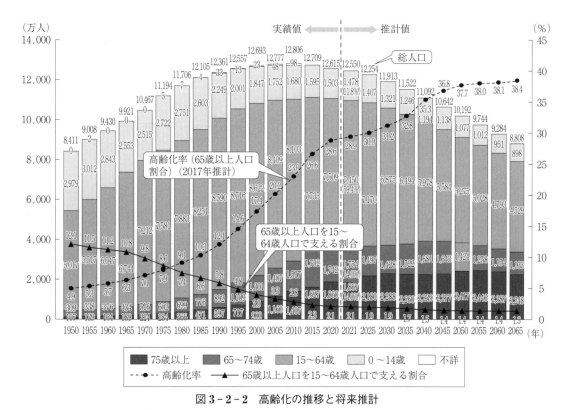

図 3－2－2　高齢化の推移と将来推計

出所：内閣府（2022）「令和 4 年度版高齢社会白書」https://www.8.cao.go.jp/kourei/whitepaper/w-2022/zenbun/04pdf_index.html（2023年10月21日閲覧）をもとに筆者作成。

デンが85年，アメリカが72年，比較的短い英国が46年，ドイツが40年に対し，日本は，1970（昭和45）年に 7 ％を超えると，その24年後の1994（平成 6 ）年には14％に達しました。急速な高齢化に社会や制度が追いついていない現状があります。高齢化の根拠となる高齢化率は少子化を背景にその値が上昇します。例えば，出生率が高く若年人口が増加し続ければ，人口に対して相対的に高齢者の割合は少なくなります。そのため，少子化と高齢化は密接に関係しています。

3　少子化の原因

　少子化は未婚化の影響が大きいと考えられています。図 3－2－3 を見ると，夫婦の子どもの数を示す完結出生児数[2]は，やや減少しているものの1970年代から 2 前後で大きく変わっていません。つまり，結婚する夫婦間の出生数はそんなに変わっていないのです。

　では，結婚する人の推移を見てみましょう。内閣府のデータ（図 3－2－4）では，2015年時点で，男性の 4 人に 1 人（23.4％），女性の 7 人に 1 人（14.1％）が，50歳になるまで一度も結婚したことがないことが示

▶ 2　**完結出生児数**
夫婦の最終的な平均出生子ども数。

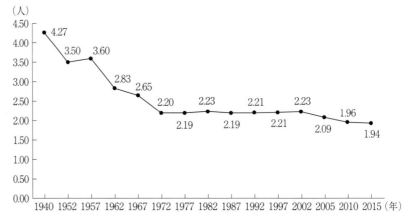

図 3-2-3　夫婦の完結出生児数の推移

注：結婚持続期間15〜19年のデータのみ抜粋。
出所：内閣府（2019）「令和元年版少子化社会対策白書」日経印刷株式会社をもとに筆者
　　作成。

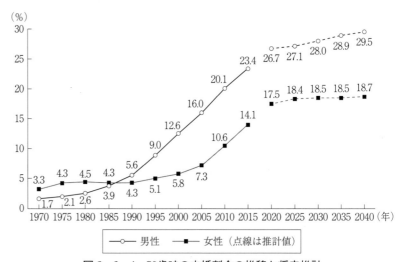

図 3-2-4　50歳時の未婚割合の推移と将来推計

出所：内閣府（2019）「令和元年版少子化社会対策白書」日経印刷株式会社をもとに筆
　　者作成。

されています。1970年の生涯未婚率は，男性が1.7％，女性が3.3％であ
り，当時は95％以上の人が結婚している時代であったことがわかります。
　内閣府（2019）の予測では，2040年には，男性の3人に1人が，女性
の5人に1人が結婚しなくなるとされています。このように未婚化の傾
向が強いことが，少子化の原因と考えられています。
　さて，未婚者が増えることがどのような社会的影響を及ぼすでしょう
か。今後，人口の3〜4割を「子どものいない独身高齢者」が占める未
来が待ち受けています。未婚者自身，自分の両親の介護を一人で行わな
ければなりません。また自分が高齢となり介護が必要となった際に頼り

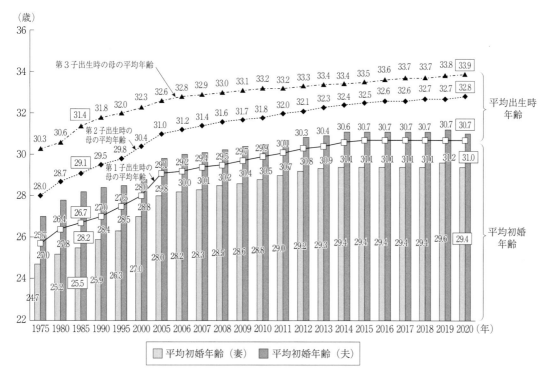

図 3 - 2 - 5　平均初婚年齢と出生順位別母の平均年齢の年次推移

出所：内閣府（2022）「令和 4 年度版少子化社会対策白書」をもとに筆者作成。

にする子どももいません。また，子どもと日常的に接した経験がなく，子どもの発達や実態をよく知らない，そして，独身生活で自分なりの生活スタイルを貫いて生きてきた高齢者が増えてくると予想されます。公園の近くに住んでいて「子どもの声がうるさい」と苦情を出したり，公園の撤去を求めたりする高齢者にはこのような背景があるのかもしれません。このような事態を防止するためにも保育者には，地域との連携や地域の人々に保育を理解してもらうような取り組みが不可欠となると考えられます。

4　晩婚化と晩産化と不妊治療

　日本では晩婚化も問題となっています。2020年では，20代後半男性の76.4％，女性の65.8％が未婚となっており，結婚時期が後進しています。図 3 - 2 - 5 を見ると，2020年の平均初婚年齢は，夫31.0歳，妻29.4歳で，40年前の1980年と比較すると夫3.2歳，妻は4.2歳上昇しています。

　晩婚化が進むことで晩産化も進んでいます。第一子の平均出産年齢について，1980年は26.4歳でしたが，2020年では30.7歳です。初産の年齢がこの40年で約 5 歳も上昇しました。

　日本生殖医学会によると，女性は加齢により妊娠する力（妊孕性が
^{にんようせい} ▶3

▶3　妊孕性
妊娠する力のこと。詳細は以下，日本生殖医学会を参照。http://www.jsrm.or.jp/public/ funinsho_ qa22. html（2023年 3 月12日閲覧）。

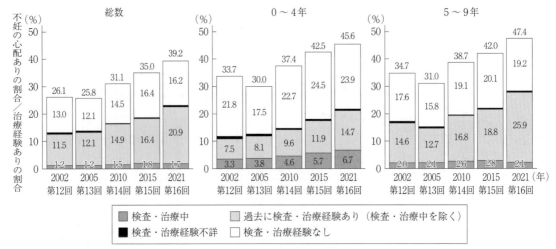

図 3 - 2 - 6　調査・結婚持続期間別に見た，不妊について心配したことのある夫婦の割合と検査・治療経験
出所：国立社会保障・人口問題研究所（2021）「第16回出生動向基本調査」をもとに筆者作成。

低下すること，女性は30歳を過ぎると自然に妊娠する確率は減り，35歳を過ぎると著明な低下を来たすことが示されています。晩婚化・晩産化によって，男女ともに妊孕性が下がり，子どもが授かりにくくなります。

　実際に，結婚年齢が上がったことによって自然に子どもを授かることが難しいカップルも増えているようです。国立社会保障・人口問題研究所によると，不妊について心配したことのある夫婦は39.2％（3組に1組以上），検査・治療を経験している夫婦は22.7％であり，約4.4組に1組以上の夫婦が不妊治療を経験しています（図3-2-6）。結婚5年未満の夫婦では6.7％が，不妊に関する検査や治療を現在受けていると回答しています。

　不妊治療には，時間的にも金銭的にも夫婦に高い負荷がかかります。不妊の原因は女性だけでなく男性側にもあります。高度な不妊治療には医療保険が適用されません。一部の助成金はあるものの十分ではなく，そのため金銭的な問題から治療を継続できず，子どもをあきらめざるを得ない夫婦もいます。また不妊治療によっては週に何度も通院が必要なこともあり，どれだけの期間治療を続ければよいのか見通しを立てることが難しく，夫婦への精神的負担となっています。なお，高度生殖医療で生まれる子どもたちも増加傾向になり，2018年には16人に1人が体外受精によって誕生しています。両親がどれだけ苦労して子どもを授かったかについて，保育者は子どもを見ているだけではわかりません。不妊治療を受けて授かった子どもが多くいる現状を知ることで，園児の両親の子どもへの心情を推し量ることは大切です。

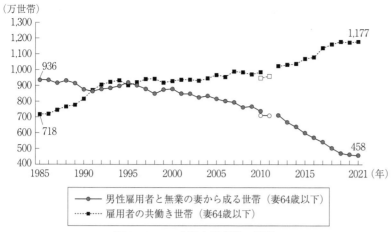

図 3 − 2 − 7　共働き世帯数の推移

出所：内閣府（2021）「令和 3 年度版　男女共同参画白書」をもとに筆者作成。

5　ダブルケアの問題

　晩婚化・晩産化により，子どもを持つ夫婦の親が高齢化しているため介護が必要となるケースも出てきています。育児を担いながら，両親の介護に関わらなければならない場合，このようなことをダブルケアといいます。子育てをしながら介護をすることは，肉体的にも精神的にも負担が多く体調を崩す人も見られます。例えば，2 歳児イヤイヤ期の子どもを抱えている母親が，認知症の進んだ実母と同居して世話をしている，などの状況は想像するだけで大変なことがわかります。

2　子育て家庭の現状と課題

1　主要産業の変動にともなう家族の変化

　本節の初めのエピソードにある『赤とんぼ』の背景となる時代は，日本では，農業などの第一次産業が中心でした。祖父母，父母，孫の三世代同居が一般的でいわゆる大家族が主流でした。また，叔父や叔母その子どもや親戚などが近所に暮らしており，皆で農作業に従事し，親族で助け合いながら生活していました。親戚などの血縁，地域のコミュニティの地縁などが明確に機能していた時代でもあります。

　それが，1955年以降，高度成長期に入り，第三次産業が主流となると，若年労働者が都市部に流入し，結婚して団地に住む核家族が増加しました。^{注1}サラリーマンである父親と専業主婦の母親と子ども二人という標準^{注2}家庭が一般的でした。このころは，「父親は仕事，母親は家庭」という性別役割分業の考え方が定着していたといえます。しかしその後，1990

注1　社会変動にともなう家族の変化については第 2 章第 2 節を参照。

注2　標準家庭については，第 3 章第 1 節を参照。

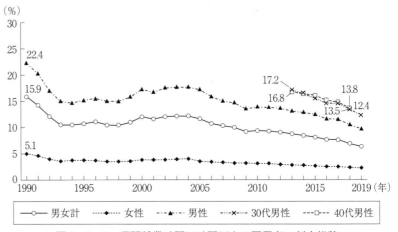

図3-2-8　週間就業時間60時間以上の雇用者の割合推移
出所：内閣府（2020）「令和2年度版　男女共同参画白書」をもとに筆者作成。

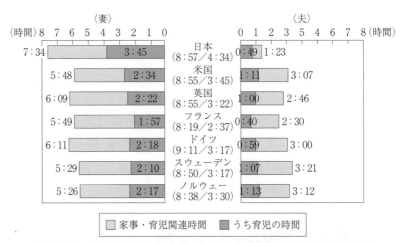

図3-2-9　6歳未満の子供を持つ夫婦の家事育児関連時間の国際比較
注：時間については1日あたりを週全体で平均化した値である。
出所：内閣府（2020）「令和2年度版　男女共同参画白書」をもとに筆者作成。

年ごろから，核家族は横ばいとなり，一人暮らしの単身世帯が急増し，夫婦のみの世帯やひとり親家庭が少しずつ増えています。また，1990年ごろに共働き世帯の数が専業主婦世帯の数を上回りました（図3-2-7）。

　このような家族の変容により夫婦にかかる子育ての負担は，以前よりも大きくなっています。また子育ての負担は増大するものの，男性の長時間労働は依然として残っています。図3-2-8は週の就業時間が60時間以上の割合を示したものです。子育て世帯に当たる30代，40代男性が全体の割合よりも高い数値を示していることがわかります。30～40代は働き盛りですが，一方で晩婚化が進む子育て世代でもあります。

　父親が仕事で帰宅が遅くなると，育児の担い手として期待することが

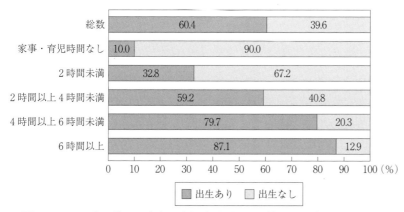

図3-2-10　夫の休日の家事・育児時間別にみた第2子以降の出生の状況

注：1）厚生労働省（2015）「第14回21世紀成年者縦断調査（平成14年成年者）」
　　2）集計対象は，①または②に該当し，かつ③に該当する同居夫婦である。ただし，
　　　妻の「出生前データ」が得られていない夫婦は除く。
　　　　①第1回調査から第14回調査まで双方から回答を得られている夫婦
　　　　②第1回調査時に独身で第13回調査までの間に結婚し，結婚後第14回調査まで
　　　　　双方から回答を得られている夫婦
　　　　③出生前調査時に子ども1人以上ありの夫婦
　　3）家事・育児時間は，「出生あり」は出生前調査時の，「出生なし」は第13回調査
　　　時の状況である。
　　4）13年間で2人以上出生ありの場合は，末子について計上している。
　　5）「総数」には，家事・育児時間不詳を含む。
出所：内閣府（2017）「平成29年度版　少子化社会対策白書」をもとに筆者作成。

できません。結果として，母親が主に一人で育児・家事をこなすワンオ
ペ育児^{注3}という状況が起きています。

　内閣府の調査（図3-2-9）によると，6歳未満の子どもを持つ夫の家
事・育児関連時間は，平均1時間23分で，妻の平均7時間34分と比較す
ると圧倒的に少ないことがわかります。他国と比較しても，家事や育児
に日本の父親たちが時間を費やしていないことが一目瞭然です。幼い子
どもを抱えて共働きするには，夫婦で家事・育児を分担する必要があり
ます。しかし，夫が外で働き妻がそれを支えるという性別役割分業の旧
来の価値観が社会に残っており，夫が家事・育児を「手伝う」レベルに
とどまっているのかもしれません。

　このような状況のなかで，母親が子育てを真に楽しむことを支援する
ことが，昨今の保育者の子育て支援であるともいえます。母親や父親が
どのような職業なのか，どのくらい働かざるを得ないのか，働くことに
負担を感じているのかなど，保育者は留意しつつ，子どもを含めた家族
を支援することが必要な時代となっています。

　図3-2-10からわかるように，夫の休日の家事育児時間が長いほど，
第二子以降を出産する割合が高くなることが示されています。男性の育
児参加が少子化対策ともなるのです。男性の育児参加を促すには，男性

注3　ワンオペ育児につい
ては，第2章第2節を参照。

の長時間労働を減らすことや育児休業などを活用することは必要です。しかし，制度はあっても活用されていない現状があります。その背景にはキャリアに与えるダメージを懸念するなど育児休業を取りづらい社会環境があるようです。

2　ワーク・ライフ・バランス

近年，男性も女性も，仕事と生活の調和（ワーク・ライフ・バランス）[注4]を実現することが重要視されてきています。

注4　ワーク・ライフ・バランスについては，第2章第4節を参照。

仕事と生活の望ましいバランスは個人によって違い，また，子育て，親の介護を行う時期など，人生のライフステージによっても大きく変わってきます。「ワーク」と「ライフ」は，相反するものではなく，また，どちらかをより重視するものでもありません。良いライフが良いワークを引き出し，良いワークがあってこそ良いライフが得られるといった，相乗効果をもたらすものです。

日本の働き方は，まだ長時間労働やサービス残業を前提としています。どうすれば，持続可能でかつ効率的に働くことができるのかを考えるときにきています。子育て期は，働き盛りであり，ワークもライフも大切な時期であるからこそバランスを取ることが難しいといえます。

少子高齢化が進行し人口が減少していくと，これまで以上に，仕事と仕事以外の役割（子育て・介護，地域活動等）の両方を担う人が増えていきます。また，人口減少の道中にある日本においては，労働力も減少していきます。労働力を確保するためには，女性や高齢者等の就業機会を拡大し，活躍につなげ，その積極的な活用を図ること，同時に，働きながら子育てを可能とする「両立支援」を推進していくことも重要です。仕事以外の役割を抱える多様な人材に活躍してもらうためには，企業における働き方を見直し，多様な働き方を可能とする必要があります。その手段として最適なのが，ワーク・ライフ・バランスの推進だといえます。

誰もがワーク・ライフ・バランスを実践できることは，子育ての有無にかかわらず，人が自分らしいライフコースを構築するうえで大切な要素となっています。

保育者となるみなさんは，このような社会状況の変化のうえで，子育てをされている家族を支える仕事を担っています。働き盛りの子育て世帯における，ワークもライフも調和がとれた生活を送るためにも，また子どもたちの十全な発達を保障するためにも，保育の現場が担う社会的重責は増えているといえます。仕事から帰り，保育園にお迎えに行った

母親が，我が子の笑顔を見て，癒されるとともに活力がわくような，安心した保育の場となることが保育者には望まれているといえます。

【Work】事後学習

①浜屋祐子・中原淳（2017）『育児は仕事の役に立つ「ワンオペ育児」から「チーム育児」へ』光文社を読んでみましょう。

②子育て支援の科目と関連します。保育所を利用している父母の状況を理解しましょう。

＊巻末（p. 180）に，本節のまとめとして【ワークシート 3-2】を掲載しています。探究的に課題に取り組み，幅広い視野を得て，さらに学びを深めましょう。

多様な家庭への理解と支援

これまで学んだとおり，離婚の増加に伴ってひとり親家庭が増加し，また，子ども連れで再婚をするステップファミリーも増加しています。さらに，近年では，外国にルーツを持つ家庭の子どもが園に入園することも多くあります。本節では，多様な家庭への理解と支援として，ひとり親家庭，ステップファミリー，里親・特別養子縁組の家庭，外国籍にルーツを持つ家庭について学びます。今日の状況を理解し，保育者として出来る支援について考えていきましょう。

〈エピソード〉何が食べたい?

6歳のⅠちゃんは，先月まで児童養護施設で暮らしていました。ある時，何度か一緒に遊んだおじさんとおばさんが，Ⅰちゃんの「パパ」と「ママ」になるよとお話されて，引っ越しをしました。Ⅰちゃんは里親に引き取られたのです。Ⅰちゃんがまずびっくりしたことは，新しいママに「今日の夕ご飯は何が食べたい?」と聞かれたことです。先月まで，ご飯の献立はいつも決まっていて，廊下に貼ってありました。Ⅰちゃんはおそるおそる，「ハンバーグ」と言いました。新しいママは「じゃあ今日はハンバーグにしましょうか。もうすぐⅠちゃんのお誕生日よね。お誕生日に何が食べたいかも教えてね」と言いました。Ⅰちゃんは，なんだか不思議な感じがしました。去年の誕生日は，大嫌いなお魚が施設の夕ご飯に出てきたことを思い出しました。

【Work】事前学習

○子どもが施設（乳児院や児童養護施設など）で生活することと，家庭で生活することで，子どもの生活ではどんなことが違うのか考えてみましょう。

_____

_____

_____

_____

注1 厚生労働省『全国ひとり親世帯等調査（旧：全国母子世帯等調査）』。平成30年6月13日，民法の成年年齢を20歳から18歳に引き下げること等を内容とする民法の一部を改正する法律が成立し，令和4（2022）年4月1日から施行された。（法務省「民法の一部を改正する法律（成年年齢関

1 ひとり親家庭とステップファミリー

1 ひとり親世帯とは

ひとり親世帯とは，母子世帯・父子世帯のことを指します。厚生労働省では，母子世帯は「父のいない児童（満20歳未満の子どもであって，未婚のもの）がその母によって養育されている世帯」と定義されています。注1
同様に，父子世帯は「母のいない児童がその父によって養育されている

世帯」とされています。また，「父母ともにいない児童が養育者（祖父母等）に養育されている世帯」は養育者世帯と呼ばれています。

2021（令和 3）年国民生活基礎調査においては，児童のいる世帯は約1,073万 7 千世帯で，全世帯に占める割合は20.7％でした。児童のいる世帯のうち，いわゆる核家族（親と子のみの世帯）は約886万 7 千世帯（82.6％），そのうち，ひとり親世帯は約68万 9 千世帯で，児童のいる世帯のうちでは6.4％を占めていました。この数字は，「国民生活基礎調査」という，全国の世帯及び世帯員を対象とした調査の結果です。一方，2021（令和 3）年度全国ひとり親世帯等調査による推計では，母子以外の同居者（祖父母等）がいる世帯を含めると，母子世帯数は約119万 5 千世帯，父子世帯数は約14万 8 千世帯，合計すると134万 3 千世帯となります。祖父母等，親以外の人と同居している「ひとり親家庭」を含めると，児童のいる世帯のおおよそ13％程度が，「ひとり親」ということになります。子ども達のうちの約10人に 1 人を超えるくらいと考えると，身近な問題としてとらえることが出来ると思います。

同調査によると，母子世帯となった理由は離婚が79.5％と最も多く，次いで未婚の母が10.8％，夫との死別が5.3％でした。父子世帯となった理由は，離婚が69.7％，次いで死別が21.3％です。1983（昭和58）年の調査では，母子世帯，父子世帯ともに，ひとり親世帯となった理由は離婚が約50％，死別が約40％でしたので，ここ30年の間に，離婚に伴ってひとり親となる場合が増えていることがうかがえます。

2　離婚に伴う子どもの反応

先ほど述べた通り，ひとり親世帯になった理由の最も多いものは離婚です。親の離婚が子どもにどんな影響を与えるかについては，多くの心理学的な研究で検討がされています。離婚前に，両親の夫婦間葛藤—夫婦間での身体的暴力や脅し，物の投げつけや破壊，言い争い，侮辱やののしり，無視などの否定的行動や，不信，嫌悪，憎しみといった，相手に対する否定的な感情を向け合うことを目の当たりにした子どもは，発達や適応の多くの側面でネガティブな影響を受けることがわかっています。例えば，情緒面では，不安や抑うつ（気持ちの落ち込み），行動面では非行や攻撃，逸脱行動や反社会的行動，知的な側面では，認知発達や学業成績によくない影響があります。また，片方の親との別れを経験することで，その親が愛着の対象であった場合には，対象喪失（愛着の対象となっていた人物を失うこと）に伴う苦しみや悲しみを持つことになります。さらに，転居・転校を経験することや，ひとり親になったこと

係）について」https://www.moj.go.jp/MINJI/minji07_00218.html（2023年10月16日閲覧））。執筆時，『全国ひとり親世帯等調査』の最新の調査結果は2021（令和 3）年度のもの。成年年齢が20歳の時の調査であるため，この時点では，母子世帯の定義での児童の年齢は「満20歳未満」である。2022（令和 4）年度以降の調査においては「満18歳未満」となる。

注 2　厚生労働省『2021年国民生活基礎調査の概況』。

注 3　厚生労働省『ひとり親家庭の支援について』。

表3-3-1　離婚への反応に関する子どもの発達段階ごとの特徴

子どもの年齢	離婚への反応
乳児期 0〜1歳	• 否定的な情緒反応（騒がしくなる，イライラする，元気がなくなるなど） • 睡眠障害（寝つけない，夜起きる回数が増える，夜泣きの後なかなか寝つけない等） • 摂食障害（ミルクの量や離乳食を食べる量が減る） • （6か月を過ぎている子どもの場合）分離不安，他者への不安が強くなる。
幼児期前期 2〜3歳	• 睡眠障害　• 摂食障害 • 分離不安（慣れ親しんだ環境であっても親から離れるのを極端に嫌がる） • 排泄自律（トイレ）や言葉での表現に遅れが見られたり，今まで出来ていたことが出来なくなったりする。
幼児期後期 4〜5歳	• 睡眠障害（寝つけない，夜起きる回数が増える，夜驚や睡眠時遊行症，悪夢等） • 摂食障害 • 排泄自律（トイレ）や言葉での表現に遅れが見られたり，今まで出来ていたことが出来なくなったりする。 • 離婚に伴い家族が一緒に暮らさなくなった状態が続くことを理解できず，不在の親を繰り返し求めたり，尋ねたりする。 • 要求が多く反抗的になる。 • 大人による制限の違いを試すような行動をする。大人を操作しようとする。 • 「自分がいい子にしていれば問題が解決する」と思い，実現させることが出来ないことに自信が持てなくなる。 • 「お父さん，お母さんが別れたのは自分のせいだ」と思う。
小学校低学年	• 「自分がいい子にしていれば問題が解決する」と思い，実現させることが出来ないことに自信が持てなくなる。 • 「お父さん，お母さんが別れたのは自分のせいだ」と思う。 • 引きこもり　• 怒りなどの否定的感情が生じる。 • 勉強が手につかない，成績が下がる。 • 非同居親から見捨てられたことに悲しみの感情を抱く。再会を求める。
小学校高学年以降 思春期・青年期	• 離婚の理由を部分的に理解できるようになるが，状況を受容することには依然として困難を抱えている。 • 非行や引きこもり，薬物使用，不適切な性行動，不登校をはじめとした学校不適応

出所：Cohen, G. J., et al., (2016) "Helping Children and Families Deal With Divorce and Separation," *Pediatrics*, 138 および，菅原ますみ（2021）『父母の離婚が子の生育に及ぼす影響に関する心理学的知見について』法務省　家族法制部会第5回会議資料をもとに筆者作成。

注4　菅原ますみ（2021）『父母の離婚が子の生育に及ぼす影響に関する心理学的知見について』法務省家族法制部会第5回会議資料，2頁。

注5　Eldik, W. M., et al., (2020) "The interparental relationship: Meta-analytic associations with children's maladjustment and responses to interparental conflict," *Psychological Bulletin*, 146 (7).

で生活水準（経済状況）が良いものではなくなるなど，離婚にともなって，子どものネガティブなライフイベントが重なって起こることになります[注4,5]。ライフイベントとは，生活上の様々な出来事のことで，結婚・就職・出産・大病など，その後の人生に影響のある大きな出来事のことを指します[注6]。子ども達に関わりの深いライフイベントでは，就園や就学，進級，転居とそれに伴う転園・転校，きょうだいの誕生，親の離婚，再婚などがあります。特に，転居・転校では，これまで慣れ親しみ，自分が育ってきた安心感のある土地から離れるだけではなく，友達や園の先生との関係など，親しくしていた人たちとの関係も断たれることになります。さらに，引っ越し先で新しい環境に適応することは，大人にも子どもにも大変さが伴います。子ども自身が大変であることに加えて，親の大変さから，親に応答的な関わりをしてもらうことが出来ず，結果的

図3-3-1　『ココ、きみのせいじゃない』

出所：ヴィッキー・ランスキー著　中川雅子訳　ジェーン・プリンス絵（2004）『ココ、きみのせいじゃない──はなれてくらすことになるママとパパと子どものための絵本』太郎次郎社エディタス，表紙，15頁。

に充分なサポートを受けられないという事態も起こる可能性があります。離婚への反応に関する子どもの発達段階ごとの特徴については表3-3-1にまとめました。

　ここで，『ココ，きみのせいじゃない──はなれてくらすことになるママとパパと子どものための絵本』（図3-3-1）という絵本を紹介します。くまのココちゃん，お父さん，お母さんのお話です。絵本の最初に，ココちゃんはお父さんとお母さんは離婚をすることになったと伝えられます。離婚をするとパパとママは別々のおうちに住むこと，両方ともココちゃんのおうちだと言われますが，ココちゃんはちっともうれしくありません。引っ越しで出て行ってしまうお父さんを目の当たりにしてココちゃんはとうとう泣き出してしまい，混乱して怖い気持ちになりました。翌日，保育園に登園すると，お絵かきの時間に「家族の絵を描きましょう」と先生から言われます。

　　ココは　まず，いえをかきました。
　　でも，ひっこしたパパは　どこにかくの？
　　ふたつのおうちが　できた　ココは　どこに？
　　ココは　わからなくなりました。
　　とうとう，ココは　おえかきを　やめてしまいました。[引用1]

　この絵本には，それぞれのページに，子どもと一緒に絵本を読む大人へ向けたアドバイスが載っています。この場面では，「自分の親きょうだいや友人，子どもの担任などに離婚のことを伝えるのは気が重いものですが，時期を逃さず話すことが大切です」と書かれています。保育者

注6　コトバンク デジタル大辞泉「ライフイベント」https://kotobank.jp/（2023年3月8日閲覧）。

引用1　ヴィッキー・ランスキー著，中川雅子訳，ジェーン・プリンス絵（2004）『ココ，きみのせいじゃない──はなれてくらすことになるママとパパと子どものための絵本』太郎次郎社エディタス，14頁。

としては，気が重い中，話をしてくれた保護者を労いながら，受容的に話を聴きたいものです。多くの研究で，離婚後に両親の養育の質（温かく敏感で応答的，支持的な関わり）が低下した場合，子どもの問題が起こりやすくなることがわかっています。[注7] 子どもだけでなく保護者へも，ひとり親になったことで変化した新しい生活に慣れ，子どもへの関わりを維持したり回復したりできるような支援が重要になります。また，子どもの問題が起こりやすくなるもう一つの原因として，離婚後の経済状況と生活環境の悪化があります。貧困の問題については，第4節を参照してください。

3　ステップファミリー

ステップファミリーとは，「配偶者の少なくとも一方の結婚前の子どもと一緒に生活する家族形態のこと」です。一般的には，「離別や死別後，子連れで再婚した結果形成される家族」で，「血縁関係にない親子関係が1組以上含まれるもの」をいいます。[注8] しかし，野沢（2022）は，父親（実父）が別居していて，子どもが定期的に会いに行く場合をステップファミリーの一つとして紹介しています。[注9] 子どもから見ると複数の家庭にまたがった関係ができて，関わりのある人物が多くなった状態です。野沢・菊地（2020）では，「ステップファミリーは必ずしも同一世帯のメンバーのみを指すのではなく，世帯を超えた親子関係，法律上の婚姻でないカップルや養子縁組しない継親子などが含まれます」と定義されています。[注10] 図3-3-2に示したように，ステップファミリーは，「子連れの再婚」を含めて，「親の新しいパートナーと過ごす子どものいる家族のこと」というように，もう少し広い概念と捉えてもよいかもしれません。

ステップファミリーには様々な形があり，継母，継父となった人，子どもそれぞれに戸惑いや不安，葛藤があります。日本では現在も離婚後の面会交流の実施率が低く，親権を得た親が単独で子どもの養育をしていくことが多いのが現状です。そのため，ステップファミリーも，「代替モデル／スクラップ＆ビルド型」と呼ばれる，子どもと同居する親が，新しいパートナーをいなくなったパートナーの代わりに位置づけ，継親に実親の代わりの役割を期待する形が多く見られます。[注11] 継親に実親の代わりの役割を期待することで，今度こそ幸せな家庭を作りたいと再婚した人々が，いざ，継親子関係での子育てをしたときに戸惑いを覚えることは少なくはありません。

注7　前掲注4，3頁。

注8　山田昌弘（2007）『ステップファミリー』知恵蔵朝日新聞出版。

注9　NHK　すくすく子育て情報『ステップファミリー』（2022年2月12日放送）https://www.nhk.or.jp/sukusuku/p2021/876.html（2022年12月6日閲覧）。

注10　野沢慎司・菊地真理（2020）『ステップファミリーを育むための基礎知識』SAJ（ステップファミリー・アソシエーション・オブ・ジャパン），3頁。

注11　同前，4頁。

家族関係の特徴	ジェノグラム
①核家族（初婚） ・子より先に夫婦間のつながりが出来ていて太い。 ・子どもと親，子ども同士のつながりがほぼ均一。 ・外からの影響が少ない（②も参照）。	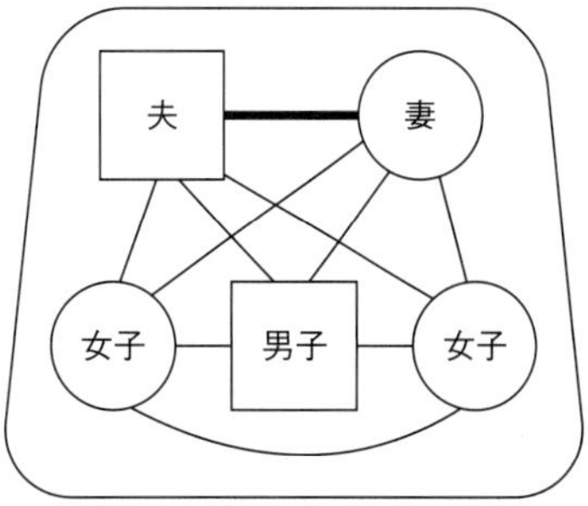
②生まれたばかりのステップファミリー ・実親子同士で家族が縦に割れやすい ・以前からあった親子のつながりは太い。 ・夫婦間のつながりが細い。 ・継親子関係のつながりはまだ無いか，細い。 ・外から家族関係に影響する肉親がいる（元妻・元夫の存在）。 ☆主に関わるのは子どもと元配偶者のみ。	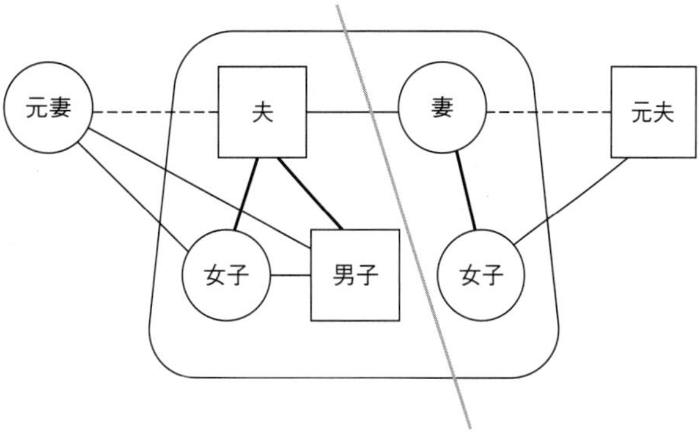
③時間と共に発展したステップファミリー ・夫婦間のつながりが出来て太い。 ・継親子関係のつながりができる。 ・継きょうだい関係につながりができる。 ・外から家族関係に影響する肉親がある（元妻・元夫の存在）。 ☆新しい配偶者と元配偶者間で子どもを通じた関係が出来る。	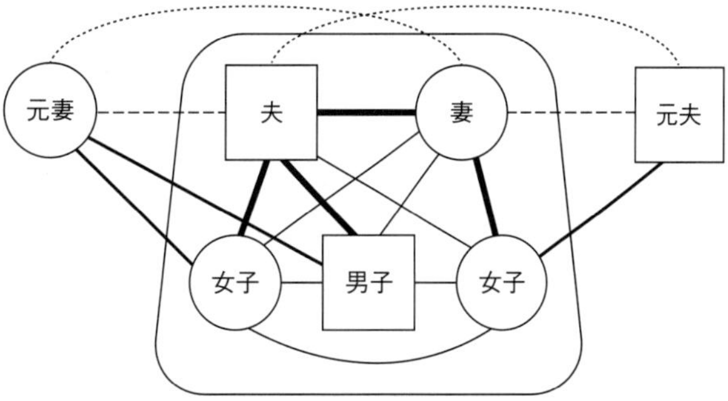

図 3-3-2　ステップファミリーのダイアグラム

注：家族同士のつながりの強さや深さを，線の太さで表現している。

出所：ステップファミリー・アソシエーション・オブ・ジャパン「ステップファミリーのダイアグラム」https://saj-stepfamily.org/%E3%82%B9%E3%83%86%E3%83%83%E3%83%97%E3%83%95%E3%82%A1%E3%83%9F%E3%83%AA%E3%83%BC%E3%81%AE%E3%83%80%E3%82%A4%E3%82%A2%E3%82%B0%E3%83%A9%E3%83%A0/（2023年10月16日閲覧）をもとに筆者作成。

表 3 - 3 - 2　里親の種類

種　類	内　　　　　容
養育里親	保護者のいない子どもや虐待など，様々な理由により，家庭で生活することが出来ない子どもを，一定期間自分の家庭で養育する里親
専門里親	虐待等により心に傷を受けた子ども，非行等の問題を有する子ども，障がいがある子どもを，専門的な知識と技能を用いて，養育する里親
親族里親	両親，その他養育する大人が死亡，行方不明等の状態となった子どもを，扶養義務のある親族及びその配偶者が里親となって養育する里親
養子縁組里親	様々な理由により，家庭で生活することが出来ない子どもを，養子縁組を結ぶことを前提に養子縁組が成立するまでの間，子どもと一緒に生活する里親

出所：財団法人全国里親会『里親制度を知る』をもとに筆者作成。

2　里親制度

1　里親制度と施設の役割

　厚生労働省によると，保護者のいない子どもや被虐待児など，様々な理由で親と離れて暮らし，社会的養護が必要な子ども達は，2021（令和3）年度末に全国で約4万2千人いました。「社会全体で子ども達を見守り，育てていく，子ども達のための制度」である社会的養護のうち，里親制度は，より多くの子ども達が家庭と同じような温かな環境で生活することができるようにと推進されています。[注12]里親は「保護者のいない児童や保護者に監護させることが不適当であると認められる児童（＝要保護児童）の養育を希望する者であって，都道府県知事が適当と認める者」と定義されており，4種類の区分があります（表3-3-2）。里親が自分の家族に子どもを預かる期間は，数週間からの短期間のものから，子どもが成人になるまでという長期間で継続的なものまで様々あります。

　2016（平成28）年に児童福祉法が改正され，子どもが心身ともに健やかに養育されるよう，より家庭に近い環境での養育の推進を図ることが謳われています。家庭養育優先の原則に基づき，家庭での養育が困難又は適当でない場合は，養育者の家庭に子どもを迎え入れて養育を行う里親やファミリーホーム（家庭養護）を優先するとともに，児童養護施設，乳児院等の施設についても，できる限り小規模かつ地域分散化された家庭的な養育環境の形態（家庭的養護）に変えていく方向性が示されています。施設は，社会的養護の地域の拠点として，家庭に戻った子どもへの継続的なフォロー，里親支援，自立支援やアフターケア，地域の子育て家庭への支援など，高機能化及び多機能化・機能転換を図ることとなっています。[注13]

注12　厚生労働省『社会的養護の推進に向けて（令和4年3月31日）』。

注13　同前。

2　里親制度の背景にある社会的養護の原理

　「里親」は，生みの親に代わり，一定期間子どもを育てる制度ですので，子どもとの間に法的な親子関係はありません。施設と同じく，子どもが満年齢で18歳になり，自立能力が確認されると委託措置が解除となります。そのため，里親と委託されていた子どもとの関係も終了してしまいます。さらに，里親が委託中に受けていた手当，公的な援助は全てなくなります。[注14]

　一方，養子縁組制度には，法的な部分でも親子関係が生じます。養子縁組には，「普通養子縁組」と「特別養子縁組」の2種類があります。「普通養子縁組」は，法律上は生みの親との親族関係が残ります。反対に，「特別養子縁組」は，子どもと生みの親との親族関係はなくなり，子ども（養子）と里親の戸籍上の記載が実の親子と同様になります。そのため，里親と子ども（養子）という，血縁ではなく，「絆」で結ぶ親子関係をより法的に安定させることが出来ます。さらに，法的な親子関係を結ぶことで，子どもが生涯にわたり安定した家庭を得ることができます。2019（令和元）年の法改正まで，特別養子縁組で養子となる子の年齢は「原則6歳未満」でしたが，「原則15歳未満」に引き上げられました。また，成立までの手続きが見直され，養親を希望する人の負担が減りました。[注15]

　現在では，愛着関係や基本的な信頼関係の形成を考えて里親制度が推進されています。施設では，一人の職員がずっと特定の子どもと関わることができるわけではないからです。しかし，里親に委託されている子どものうちの約4割，乳児院に入所している子どものうちの約4割，児童養護施設に入所している子どものうちの約7割は虐待を受けているのが現状です。[注16]つまり，里親に委託される子どもには，実親から離れ，傷つきを経験し，愛着障害を持つ子どもが多く見られます。そのため，里親に引き取られた後，四六時中抱っこを要求することや，試し行動が続き，子どもの対応に苦慮する里親家庭もあります。[注17]そういった場合には，里親支援機関や，NPO，乳児院，児童養護施設が，高い専門性を活かして相談にのり，里親を支援していくことが求められます。また，養子縁組の場合には，子どもに実親でないことを告げること（真実告知）をする必要があります。真実告知をする理由としては，子どもが，思いもよらないときに自分が親と血縁関係のない子どもだと知るかもしれないからです。全国里親会のホームページ[注18]では，「戸籍を見た時など，親からではなく知らされた時のショックは相当のもの」と紹介されています。真実告知は，子どもが一回で理解することを目指すのではなく，3歳位から何度も話すことで徐々に受け入れていくとよいと勧められています。

注14　財団法人全国里親会『里親Q＆A』https://www.zensato.or.jp/qa（2022年12月6日閲覧）。

注15　同前。

注16　前掲注12。

注17　前掲注14。試し行動については，第4章第3節参照。

注18　前掲注14。

こういった里親としての養育にまつわる困難さに対する支援も，保育者として視野に入れておく必要があるでしょう。

3　外国にルーツを持つ家庭

1　外国にルーツを持つ家庭の増加

　「外国にルーツを持つ家庭」という表現を回りくどく感じた人もいるかもしれませんが，「外国にルーツを持つ家庭」には，外国籍の子どもだけではなく，「国籍にかかわらず，父・母のいずれか又は両方が外国にルーツを持っている子ども」が全て含まれます。本節では，「外国にルーツを持つ」ことを，外国籍等と表現していします。

　近年，外国籍等の子どもの数が増加しており，保育所等においても増加傾向にあります。全国の保育所等を対象として実施されたアンケートの結果によると，外国籍等の子どもが在籍している保育所等の割合は60.2%でした[注19]。アンケートの結果を基に，日本全国の保育所等に在籍する外国籍等の子どもの人数を推計すると，外国籍等の子どもは73,549人，うち，外国籍の子どもは22,589人，日本国籍の子どもは20,059人，国籍不明の子どもは30,721人という結果でした。

2　母国ではない国で子育てすることの困難さと保育所での取り組み

　外国籍等の子ども・保護者が保育所等を利用するに当たっては，言語が通じないことによるコミュニケーションの問題や文化の違いに起因するトラブル，子どもの言語発達の課題等，様々な困難に直面する可能性があることが指摘されています[注20]。日本で生まれ育った日本人が日本で子育てを行っても，子育てには不安なことや困難なことがたくさんあります。みなさんが外国で子育てをすることになったらと考えると，言葉の違いや文化の違いがある中での子育てには，よりいっそう不安や困難が多いだろうと想像できるのではないでしょうか。

　2020（令和2）年度 厚生労働省の子ども・子育て支援推進調査研究事業「外国籍等の子どもへの保育に関する調査研究」の結果から，全国の保育所で行われている取り組みを紹介します[注21]。まずは，人員配置等による支援として，通訳の配置・派遣，外国語対応が可能な保育士・保育補助者の配置があります。また，ICT の活用で，翻訳機器の支給や貸し出しが市町村から行われる地域もあります。通常の保育での支援としては，市区町村による翻訳支援，共通資料のひな形を多言語化すること，よく用いる表現を翻訳した資料の作成などがあります。言語や文化の違

注19　三菱UFJリサーチ＆コンサルティング（2021）『令和2年度 厚生労働省子ども・子育て支援推進調査研究事業「外国籍等の子どもへの保育に関する調査研究」』。

注20　同前。

注21　前掲注19。

表3-3-3　通訳と翻訳機器の使い分け

種　類	内　　　容
通訳が必要となる場面	・入所前の面談，健康診断での子どもの発達状況や食事，生活習慣，健康状態等の聞き取り ・園の約束事（集金，持ち物，生活リズム等）の説明 ・子どもに療育などの特別な支援が必要と思われる場合 ・日本の小学校の制度，必要な手続き，学習内容の特徴を理解してもらう場面
翻訳機器で対応できる場面	・お迎えの際などに保育所等における日常の子どもの様子を保護者に伝える場面 ・持ち物などの伝達事項を連絡ノートへの記入する場面 ・ケガで病院に行くなど，緊急での対応が必要な際に通訳が確保できない場合には，まずは翻訳機器を用いて保護者に状況を伝え，後日通訳を交え丁寧に情報を伝える。

出所：三菱UFJリサーチ＆コンサルティング（2021）『令和2年度 厚生労働省 子ども・子育て支援推進調査研究事業「外国籍等の子どもへの保育に関する調査研究」』をもとに筆者作成。

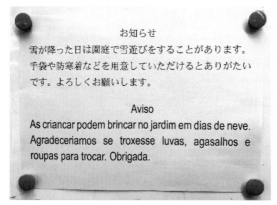

図3-3-3　ポルトガル語が併記された園のお知らせ
出所：愛知県岡崎市公立保育園にて筆者撮影。

いが子どもの発達の壁とならないような支援が求められます。[注22]

　特に，通訳の派遣は，保育者と保護者がコミュニケーションをとる際に非常に有効な方法ですが，週に1回，月に1回など，利用できる日が限られる場合がほとんどです。そのため，翻訳機器と使い分けをしながら保護者とのコミュニケーションをとる必要があります（表3-3-3）。図3-3-3は，公立園で撮影した，園からのお知らせの掲示物です。日本語のお知らせに，ポルトガル語のお知らせを併記しています。

　愛知県で配布されている「あいち多文化子育てブック」[注23]の中では，「お父さんとお母さんの話す言語がちがっても，それぞれが一番自信のあることばで話すことが子どもに良い影響を与える」と紹介されています。生活している地域の言葉を赤ちゃんが習得することを目指して，親が慣れない言語で赤ちゃんや子どもに話しかけるよりも，お父さんやお母さんが自信をもって，感情豊かにたくさん赤ちゃんや子どもに話しかけること，それに伴って基本的信頼感や愛着関係が築かれていくことのほうが優先されます。二つ以上の言語に触れて育つ子どもは，言葉の習

注22　これらの取り組みには園ごとの違いだけではなく，地域によって支援や補助の体制に差がある。

注23　愛知県「あいち多文化子育てブック（英語版）」。https://www.pref.aichi.jp/soshiki/tabunka/kosodate-book.html（2023年4月25日閲覧）。

得に大変さが伴います。一方で，環境が整えば，言語体験が豊かになり，成長に良い影響を与える可能性を持っています。外国にルーツを持つ家庭の子どもと関わる際には，子どもの言葉，コミュニケーションの発達について，注意深く見守っていく必要があります。

　ステップファミリーを支援する団体の一つであるステップファミリー・アソシエーション・オブ・ジャパンのリーフレット『ステップファミリーを育むための基礎知識』の表紙には，「めざすのは『ふつう』の家族じゃない」という言葉が書かれています。自分が育った家庭や，多くの家庭の在り方を「ふつう」や「一般的」と考えがちですが，保育者として子育て支援に関わる際には，いろいろな家族の在り方があり，親子関係にも様々な形があること，子育てに対する考え方や子どもへの関わり方もそれぞれであることを理解して，子どもと保護者に関わる必要があるのではないでしょうか。

【Work】事後学習

①ヴィッキー・ランスキー著　中川雅子訳　ジェーンプリンス絵（2004）『ココ，きみのせいじゃない——はなれてくらすことになるママとパパと子どものための絵本』太郎次郎社エディタスを読んで感想を書きましょう。

_____

_____

_____

②外国で子育てをすることになった時，自分ならどんな大変さがあると思いますか。また，保育者としてどんな支援ができるか考えてみましょう。

_____

_____

＊巻末（p. 181）に，本節のまとめとして【ワークシート 3 - 3】を掲載しています。探究的に課題に取り組み，幅広い視野を得て，さらに学びを深めましょう。

参考文献

Cohen, G. J., et al., (2016) "Helping Children and Families Deal With Divorce and Separation," *Pediatrics*, 138(6).

財団法人全国里親会『里親制度を知る』https://www.zensato.or.jp/know（2022年12月 6 日閲覧）.

特別な配慮を要する家庭への理解と支援

近年では，児童虐待，子どもの貧困などの社会問題が深刻化しています。また，児童虐待の背景に，親の精神疾患などの問題があることも少なくありません。さらに，子どもが関わる社会問題にはそれぞれにつながりがあります。本章では，このような特別な配慮を要する子どもや家庭の実態とその支援について学びます。

〈エピソード〉赤ちゃん部屋のおばけ ▶1

2か月前に父親になったSさんは，今日初めて赤ちゃんと二人で過ごすことになりました。母親のNさんが美容院に行く2時間位の予定でした。出かける前にNさんが授乳をして，赤ちゃんは眠っていました。1時間ほどたったところで，突然赤ちゃんが泣き出しました。Sさんは慣れない手つきで赤ちゃんを抱き上げてみましたが，赤ちゃんは大きな声で泣き続けます。Sさんは，だんだん呼吸が早く苦しくなり，頭が真っ白になりました。「どうして泣き止んでくれないんだ！」と必死であやしますが赤ちゃんは泣き続けます。「いい加減にしてくれ！」と赤ちゃんを揺さぶって叫んだところで，戻ってきたNさんに「どうしたの？」と声をかけられ，Sさんはようやく我に返りました。普段は穏やかなSさんが大きな声を出すのは初めてでした。

【Work】事前学習

○子育て中，①親に時間がないこと，②お金がないこと，③気持ちの余裕がないことで，子どもと保護者にどんな影響があるか，考えてみましょう。

①親に時間がないこと

_____

_____

②お金がないこと

_____

_____

③気持ちの余裕がないこと

_____

_____

表3-4-1　児童虐待の定義と具体的な内容

虐待の種類	具体的な内容
①身体的虐待 児童の身体に外傷が生じ，又は生じるおそれのある暴行を加えること	• 打撲傷，あざ（内出血），骨折，頭蓋内出血などの頭部外傷，内臓損傷，刺傷，たばこなどによるやけどなどの外傷を生じるような行為。 • 首を絞める，殴る，蹴る，叩く，投げ落とす，激しく揺さぶる，熱湯をかける，布団蒸しにする，溺れさせる，逆さ吊りにする，異物を飲ませる，食事を与えない，戸外に閉め出す，縄などにより一室に拘束するなどの行為。 • 意図的に子どもを病気にさせる。　など
②性的虐待 児童にわいせつな行為をすること又は児童をしてわいせつな行為をさせること	• 子どもへの性交，性的行為（教唆を含む）。 • 子どもの性器を触る又は子どもに性器を触らせるなどの性的行為（教唆を含む）。 • 子どもに性器や性交を見せる。 • 子どもをポルノグラフィーの被写体などにする。　など
③ネグレクト 児童の心身の正常な発達を妨げるような著しい減食又は長時間の放置，保護者以外の同居人による性的虐待又は心理的虐待と同様の行為の放置，その他の保護者としての監護を著しく怠ること	• 子どもの健康・安全への配慮を怠っている。 (1)重大な病気になっても病院に連れて行かない。 (2)乳幼児を家に残したまま外出する（親がパチンコに熱中したり，買い物をしたりするなどの間，乳幼児等の低年齢の子どもを自動車の中に放置し，熱中症で子どもが死亡したり，誘拐されたり，乳幼児等の低年齢の子どもだけを家に残したために火災で子どもが焼死したりする事件も，ネグレクトにあたる）。 • 子どもの意思に反して学校等に登校させない。 • 子どもが学校等に登校するように促すなどの子どもに教育を保障する努力をしない。 • 子どもにとって必要な情緒的欲求に応えていない（愛情遮断など）。 • 食事，衣服，住居などが極端に不適切で，健康状態を損なうほどの無関心・怠慢。 (1)適切な食事を与えない。 (2)下着など長期間ひどく不潔なままにする。 (3)極端に不潔な環境の中で生活をさせる。　など • 子どもを遺棄したり，置き去りにしたりする。 • 祖父母，きょうだい，保護者の恋人などの同居人や自宅に出入りする第三者が虐待行為を行っているにもかかわらず，それを放置する。　など
④心理的虐待 児童に対する著しい暴言又は著しく拒絶的な対応，児童が同居する家庭における配偶者に対する暴力，その他の児童に著しい心理的外傷を与える言動を行うこと	• ことばによる脅かし，脅迫。 • 子どもを無視，または拒否的な態度を示す。 • 子どもの心を傷つけることを繰り返し言う。 • 子どもの自尊心を傷つけるような言動をする。 • 他のきょうだいとは著しく差別的な扱いをする。 • 配偶者やその他の家族などに対する暴力や暴言。 • 子どものきょうだいに，虐待行為を行う。　など

注：「児童」は，18歳に満たない子ども達のことであり，乳幼児を含む。
出所：厚生労働省「子ども虐待対応の手引き」（平成25年8月改正版）2-3頁をもとに筆者作成。

▶1　赤ちゃん部屋のおばけ
アメリカの乳幼児精神科医フライバーグ（Fraiberg, S.）は，不幸な乳幼児期体験を持つ親が，赤ん坊の泣き声や要求に思わず得体の知れぬ苛立ちや不安を覚え，赤ん坊を抱きながら人には説明しようのない葛藤に苦

1　子ども虐待（児童虐待）とリスク要因

1　虐待とは

　子ども虐待（児童虐待）は，「子どもの心身の成長及び人格の形成に重大な影響を与えるとともに，次の世代に引き継がれるおそれもあるものであり，子どもに対する最も重大な権利侵害[引用1]」です。児童虐待防止法においては，「児童虐待」を①身体的虐待，②性的虐待，③ネグレクト，

表3-4-2　虐待のリスク要因

1．保護者側のリスク要因
・妊娠そのものを受容することが困難（望まない妊娠）　　　・若年の妊娠
・子どもへの愛着形成が十分に行われていない（妊娠中に早産等何らかの問題が発生したことで胎児への受容に影響がある，子どもの長期入院など）。
・マタニティーブルーズや産後うつ病等精神的に不安定な状況
・性格が攻撃的・衝動的，あるいはパーソナリティの障害がある。
・精神障害，知的障害，慢性疾患，アルコール依存，薬物依存等
・保護者の被虐待経験　　　　　　　　　・体罰容認などの暴力への親和性
・育児に対する不安（保護者が未熟等），育児の知識や技術の不足
・特異な育児観，脅迫的な育児，子どもの発達を無視した過度な要求　　　など
2．子ども側のリスク要因
・乳児期の子ども　　　・未熟児　　　・障害児　　　・多胎児
・保護者にとって何らかの育てにくさを持っている子ども
3．養育環境のリスク要因
・経済的に不安定な家庭　　　　　　・親族や地域社会から孤立した家庭
・未婚を含むひとり親家庭　　　　　・内縁者や同居人がいる家庭
・子連れの再婚家庭　　　　　　　　・転居を繰り返す家庭
・保護者の不安定な就労や転職の繰り返し
・夫婦間不和，配偶者からの暴力（DV）等不安定な状況にある家庭　　　など
4．その他虐待のリスクが高いと想定される場合
・妊娠の届出が遅い，母子健康手帳未交付，妊婦健康診査未受診　乳幼児健康診査未受診
・飛び込み出産，医師や助産師の立ち会いがない自宅等での分娩
・きょうだいへの虐待歴
・関係機関からの支援の拒否　　　　　　　　　　　　　　　　　　など

注：「児童」は，18歳に満たない子どものことであり，乳幼児を含む。
出所：厚生労働省「子ども虐待対応の手引き」（平成25年8月改正版）26-28頁をもとに
　　　筆者作成。

しむことがあることを「赤ちゃん部屋のおばけ」（ghosts in the nursery）と名づけている。

引用1　厚生労働省（2013）「子ども虐待対応の手引き」（平成25年8月改正版），2-3頁。

④心理的虐待の四種類を虐待にあたる行為として定義しています（表3-4-1）。_{注1}

2　虐待のリスク要因

　表3-4-2のように，虐待の発生と関わりが深い「リスク要因」には様々なものがあります。実際に虐待が発生する家庭では，複数のリスク要因が重なっている場合も少なくありません。本節では，「1．保護者側のリスク要因」の「マタニティーブルーズや産後うつ病等精神的に不安定な状況」，および，「3．養育環境のリスク要因」の「経済的に不安定な家庭」，「保護者の不安定な就労や転職の繰り返し」と関わりの深い「子どもの貧困」について学んでいきます。

3　子ども虐待で園に求められる連携と家庭への支援

　子ども虐待に対する対応で，保育者にはどのようなことが求められるのでしょうか。保育所，幼稚園，こども園は，子ども虐待の予防，発見，

注1　児童虐待防止法第2条において，「『児童虐待』とは，保護者（親権を行う者，未成年後見人その他の者で，児童を現に監護するものをいう。以下同じ。）がその監護する児童（18歳に満たない者をいう。以下同じ。）について行う次に掲げる行為を言う」と定義されており，「児童」という言葉が使われているが，18歳に満たない，乳幼児を含む子どもが対象である。

対応で重要な役割を担っています。子ども虐待は，保育者によって子どもの外傷や様子，雰囲気から発見されることが多くあります[注2]。保育者は家庭での虐待の現場を直接見ているわけではないため，「どこまでが虐待か」という線引きに悩んだり，虐待であってほしくないという気持ちが働いたり，保護者との関係が悪化することを考え，迷いが生じる場合も少なくありません。しかしながら，虐待が疑われる場合に，保育所，幼稚園，こども園には通告義務があります[注3]。通告の判断は，クラス担任等の保育者が一人で行うものではなく，園や組織として行うことが望ましいため，保育者が「少し気になった」段階で，具体的な情報について他の職員と情報共有をすることが大切になります。

　また，児童相談所が関わりながら在宅で子育てしている家庭の支援や見守りを行うことも保育所，幼稚園，こども園の大きな役割の一つです。この中には，施設入所措置や一時保護から子どもが家庭に復帰した際や，そういった措置までにならない状態の子どもとその家庭も含まれます。「子ども虐待対応の手引き」の中では，「虐待を受けている子どもや不適切な養育環境にある子どもにとって，昼間，家庭から離れ，保育所や学校において，心身の健康と安全を保障する上で，特に大きな役割を担っている[引用2]」と述べられています。園にいる間，子どもが少しでも安心した環境にいられるよう配慮することが求められます。また，保護者との信頼関係を作りながら，登園状況や登園時の様子を観察し，家庭内で危機的な状況に陥っていないかのアセスメントが求められます。

2　養育者のメンタルヘルス

1　マタニティブルーズと産後うつ病

　妊娠・出産は女性にとって，また，家族にとって大きな喜びである一方，精神的にも不安定になりやすいことが知られています[注4]。

　産後うつ病と混同されやすいものに，マタニティブルーズと呼ばれる抑うつ状態があります。マタニティブルーズは，出産直後からおよそ1週間以内に現れる気分と体調の障害で，気分が不安定になり涙もろさなどの症状が現れますが，数時間から2〜3日の短時間で自然に軽快することがほとんどで，産後の一過性の正常な現象と考えられています[注5]。出産後，30〜50％の女性がマタニティブルーズを経験します[注6]。幸い，マタニティブルーズがよく見られる期間は，産後，母親がまだ入院期間中のことがほとんどであり，看護師や助産師等，医療スタッフのサポートを受けやすい期間でもあります。

　一方で，産後うつ病と呼ばれる状態は，10％前後の女性が，妊娠中または産後数週〜数か月の間に発症するといわれています。出産後，子どもと母親に大きな異常がなければ，母子は 1 週間もしないうちに退院し，家庭で子育てをすることになります。産後うつ病の多くは，病院から退院し，家庭に戻った後に問題になります。

　産後うつ病の症状は，一般のうつ病の状態と大きな差はありません。うつ病の症状は，一日中気分が落ち込んでいる，何をしても楽しめないといった精神症状とともに，眠れない，食欲がない，疲れやすいなどの身体症状が現れ，日常生活に大きな支障が生じます[注7]。あまり知られていない症状として，イライラしたり怒りっぽくなる易怒性や，焦燥感（焦りが強くなり，落ち着きがなくなる），集中したり，考えたり，記憶することが出来にくくなるといった症状があります。また，不安発作やパニック発作が起こったり，子どもに対しての罪悪感を持つことや必要以上に心配をしてしまうこと，子どもに興味が持てずかわいく思えないといった症状が出ることもあります。

注 7　厚生労働省「みんなのメンタルヘルス　うつ病」https://www.mhlw.go.jp/kokoro/know/disease_depressive.html（2022 年 12 月 12 日閲覧）。

　産後うつ病の原因については，産後のホルモンの急激な変化だけではなく，新生児の育児からの寝不足，パートナーや家族からのサポートの不足，夫婦関係の不和，気難しい気質の乳児であること，経済的な問題，母親が神経質な性格傾向であること等が報告されています[注8]。また，初めての妊娠出産では二人目よりも産後うつ病が多くみられる傾向があり，過去に気分障害（うつ病や双極性障害）の経験（既往歴）がある場合，家族にうつ病の人がいる場合にも，産後うつ病になりやすいことが明らかになっています[注9]。

注 8　前掲注 5，75頁。

注 9　「抑うつ障害群」日本精神神経学会監修（2014）『DSM-5 精神疾患の診断・統計マニュアル』医学書院，155-186頁。

2　産後うつ病の治療と家族への支援

　産後うつ病の症状があると，日常生活や育児はどのようになるでしょうか。うつ病は，例えるなら，日常生活や育児といった，“活動をする原動力になるエネルギー”が極端に低下している状態です。みなさんは，スマートフォンの充電を 0 ％にしてしまったことはあるでしょうか。充電が 0 ％になってしまうと，充電を始めてから再び使用できるようになるまでに時間がかかります。うつ病も似たような状態で，少しの休息や気分転換などの対処だけでは，どうにもならなくなってしまっている状態です。また，新生児や乳児の子育ては，少しの休息や気分転換すら出来にくい状態である上，肉体的にも精神的にもたくさんのエネルギーを使います。産後うつ病の状態になると，家事や育児を「やらなければ」と思っていても，エネルギーが不足しているので思うように出来ません。

その状態を「サボっている」「怠けている」と，家族から非難されて母親が無理をしてしまい，余計に調子を崩してしまうという場合もあります。[注10]

産後うつ病の治療や支援では，出来る限り早期かつ軽症のうちに産後うつ病を発見し，介入が行えるよう，「乳児家庭全戸訪問事業（こんにちは赤ちゃん事業）」で親子の心身の状況や養育環境等の把握が行われています。[注11]また，心配な母親へは母子保健を専門とする保健師が妊娠期から継続して関わっています。家庭では，育児や家事などを家族や周囲の人や各種サービスを利用して分担できるようにすること，さらに，周囲の人がうつ病について正しく理解し，できるかぎり母親が心身共に休養できるようにするなど，母親への支援体制を作ります。[注12]こうした母親への支援体制づくりの一環で，一時保育や保育所への入園といった対応がとられる場合もあります。症状の程度によっては，医療機関を受診して診断を受け，専門医から薬を処方してもらうことが必要になる場合があります。しかし，母乳で育てている場合には，薬を服用する事への不安が訴えられることも多くあります。[注13]母乳で育児したい気持ちや服薬への不安を傾聴しながら，主治医とよく相談するように促すことが大切です。

3　産後うつ病の母親を持つ子どもへの支援

うつ病の症状は，親子のコミュニケーションにも影響を与えることが明らかになっています。特に，母親からのコミュニケーションについて，行動の仕方や質に影響を与え，母親は乳児に無反応になったり，押しつけがましく干渉的で，時には敵対的な行動を取ったりします。[注14]つまり，いわゆる「応答的な関わり」が出来ない状態になり，きめ細かく乳児に気持ちを向けることが難しく，拒否的で，乳児の行動に感情的に寄り添わない反応をしがちになります。そういった乳児への関わり方によって，子どもの発達へも影響が出ることがわかっています。子どものためにも，産後うつ病の母親へ早期に介入が行えるような対応が望まれます。

幼児の場合には，うつ病になった母親の変化を「自分のせいだ」と感じることも少なくありません。『ボクのせいかも・・・──おかあさんがうつ病になったの』の絵本（図3-4-1）では，主人公のスカイが，うつ病のお母さんが泣いていることや笑わなくなったことを「ボクのせいかな」「ボクのこときらいになっちゃったのかな」と考えています。さらに，母親がイライラして怒ることに嫌な気持ちになり，自分より弱い存在である飼い犬にやつあたりをしている様子や，頭が痛くなる様子も描かれています。絵本の中では，ある時，スカイの様子に気がついた

注10　前掲注5，75頁。

注11　厚生労働省「乳児家庭全戸訪問事業（こんにちは赤ちゃん事業）の概要」https://www.mhlw.go.jp/bunya/kodomo/kosodate12/01.html（2022年12月12日閲覧）。

注12　前掲注5，75頁。

注13　前掲注5，75頁。

注14　ヘレン・マーウィック，リン・マレー「対乳児発話と会話関与の音楽性における母親のうつの影響」スティーヴン・マロック，コルウィン・トレヴァーセン編（2018）『絆の音楽性』音楽の友社。

図3-4-1　『ボクのせいかも・・・
──おかあさんがうつ病になったの』

出所：プルスアルハ（2012）『ボクのせいかも・・・
──おかあさんがうつ病になったの─』ゆまに書房.

父親が「スカイのせいじゃないんだよ」と，母親の病気「うつ病」について説明をします。子どもは自分を責めやすいという特徴を理解した上で，その子どもの理解にあった形で説明を行うことも，周囲の大人が出来る支援の一つです。

3　子どもの貧困

1　絶対的貧困と相対的貧困

　みなさんは，「貧困」と聞いてどのようなことを想像するでしょうか。どこか遠い国のお話のように思う人もいるかもしれません。実は，日本でも，貧困が子育てにも関わる大きな問題となっています。

　貧困の概念には，「絶対的貧困」と「相対的貧困」があります。絶対的貧困とは，最低限度の生活をすることも困難な状況のことをいいます。衣食住を最低限満たすのも困難な状況であり，多くの人が「貧困」という言葉からイメージしやすいのはこのような状況でしょう。一方，相対的貧困とは，平均的な生活水準に比べて困窮している状況のことをいいます。その社会の平均的な生活レベルと比較し，ある一定の範囲内に満たない状況を指しているため，目に見えにくい貧困であるといえます。[注15]厚生労働省 国民生活基礎調査における相対的貧困率は，OECD（経済協力開発機構）の基準に基づき，一定基準（貧困線[2]）を下回る所得しか得ていない者の割合をいいます。子どもの貧困率については，「17歳以下の子ども全体に占める，貧困線に満たない17歳以下の子どもの割合である」と定義されています。

注15　前田悦子（2022）「子どものいる世帯の貧困と子育て支援」『駿河台経済論集』31（2）。

▶2　貧困線
等価可処分所得（世帯の可処分所得（収入から税金・社会保険料等を除いたいわゆる手取り収入）を世帯人員の平方根で割って調整した所得）の中央値の半分の額をいう。

2　日本の貧困の現状

　国民生活基礎調査によると，2018（平成30）年の貧困線（等価可処分所得の中央値の半分）は127万円となっており，「相対的貧困率」（貧困線に満たない世帯員の割合）は15.4％，以前に大規模調査が行われた2015年と比較すると，0.3ポイントの減少となっています。また，「子どもの貧困率」は13.5％で，2015年からは0.4ポイント減少していました。「子どもがいる現役世帯」（世帯主が18歳以上65歳未満で子どもがいる世帯）の世帯員についてみると，12.6％となっており，そのうち「大人が一人」の世帯員では48.1％，「大人が二人以上」の世帯員では10.7％となっています。この調査では，「大人が一人」のひとり親世帯のうち，母子世帯は64.4万人（89.4％），父子世帯は7.6万人（10.6％）であり，ひとり親世帯のうち母子世帯が約9割を占めています。[注16]この結果から，ひとり親世帯のうち，母子世帯の子どもの貧困率が非常に高くなっていることがわかります。この背景には，女性の労働者は，賃金の低い非正規雇用で働く人が多いことが指摘されています。[注17]この傾向は，母子のひとり親世帯に限ったことではありません。主たる稼ぎ手が非正規雇用である場合には，生活が困窮し，相対的貧困の状態に陥るリスクが高くなります。[注18]

3　貧困が子どもに与える影響と貧困の連鎖

　貧困はどのように生まれるのかについて，小林（2021）は，人々が様々な資源を「資本」として獲得し蓄積することで活用し，仕事や家庭や収入といった「地位」を達成していくと想定して，経済資本，人的資本，文化資本，社会関係資本の観点から論じています。[注19]「経済的資本」はお金や不動産のこと，「人的資本」は，学校教育や健康といった個人の能力を表します。「文化的資本」は，家での学習や食事や早寝早起きといった「生活習慣」，乱暴ではない，丁寧な言葉づかいのような「品のよさ」，習い事，海外旅行や登山といった「趣味」，「多様な経験」を指します。さらに，「社会関係資本」（ソーシャルキャピタル）と呼ばれるものは，家族，コミュニティ，職場などにおける他人とつながりや，それらの人間関係から得られる居場所や人脈，アドバイスや援助を受けられる関係性を指します。現在の日本の子どもは，誰もがこの四つの資本を平等に持っていると言えるでしょうか。

　残念ながら，これまで見てきたように，保護者の経済状況には差があり，子どもは自分で稼ぐことは出来ないので，子どもは保護者の経済状況の違いから影響を受けます。同調査では，子どもを貧困層，準貧困層，その他の層の三つのグループに分けて検討していますが，人的資本（学

注16　厚生労働省「2019年国民生活基礎調査の概況」。国民生活基礎調査では，3年に1度大規模調査が行われている。

注17　前掲注15。

注18　前掲注15。

注19　内閣府「令和3年子供の生活状況調査の分析報告書 4. 総括 子供の貧困の実情と求められる支援：令和2年度 子供の生活状況調査からのメッセージ」。

校の成績や進学率），文化的資本（学習習慣や生活習慣，旅行などの経験），社会関係資本（地域のスポーツクラブや文化クラブ，学校の部活動への参加，相談できる人の存在）に，保護者の経済状況が影響していることが明らかになっています。このような違いが，豊かな家の子は豊かになり，貧しい家の子は貧しいままという，「貧困の連鎖」や「不平等の再生産」とよばれる状況を引き起こしています。[注20]

注20　貧困の連鎖については第4章第2節を参照。

4　子どもの貧困に対して園で行える支援

　厚生労働省では，ひとり親家庭等に対する支援として，「子育て・生活支援策」「就業支援策」「養育費の確保策」「経済的支援策」の四本柱により施策を推進しています。[注21]では，保育所，幼稚園，こども園で出来ることは何かないでしょうか。例えば，園での生活で「生活習慣」を身に付けることは子どもの「文化的資本」となり，その後の「人的資本」へもつながります。親子が園の先生と信頼できる関係を築くことは「社会関係資本」へつながります。特に，子どもにとっては，信頼できる大人に頼る経験となり，その後も困った時に周りの大人に助けを求めることにつながるかもしれません。生活習慣を身につけたり，子どもと信頼関係を築いたりすることは，園の生活の中では「当たり前のこと」かもしれませんが，当たり前のことに丁寧に取り組んでいくことが，実は大切なことなのではないでしょうか。

注21　厚生労働省（2023）「ひとり親家庭等に関する施策・制度について」9頁。

【Work】事後学習

①ぷるすあるは『子ども情報ステーション』https://kidsinfost.net/（2023年3月13日閲覧）は，精神障害やこころの不調，発達障害などをかかえた親とその子どもを応援しているサイトです。サイトにアクセスして，印象に残ったページの内容と感想を書きましょう。

_____

_____

_____

_____

_____

②「ヤングケアラー」について調べてみましょう。また，本節で学んだ貧困や養育者のメンタルヘルスとの関連や，保育所，幼稚園，こども園でどのような問題につながるかを考えてみましょう。

_____

＊巻末（p. 182）に，本節のまとめとして【ワークシート 3 - 4】を掲載しています。探究的に課題に取り組み，幅広い視野を得て，さらに学びを深めましょう。

参考文献

厚生労働省「児童虐待の防止等に関する法律（平成十二年法律第八十二号）」.

日本産婦人科医会「産後うつ病について教えてください」https://www.jaog. or.jp/qa/confinement/jyosei200311/（2023年 3 月13日閲覧）.

渡辺久子（2000）『母子臨床と世代間伝達』金剛出版.

文部科学省（2006）「学校等における児童虐待防止に向けた取組について」（報告書）.

第 4 章

子どもの精神保健とその課題から考える
子ども家庭支援

子ども家庭支援に子どもの精神保健を理解し課題を考えることがなぜ必要か

本節では子ども家庭支援に子どもの精神保健を理解し課題を考えることの意義について，家庭・家族，保育所などの子どもの生活・成育環境や子どもの発達といった多様な視点に焦点をあて，考えていきましょう。

〈エピソード〉うちの子は普通じゃないの

　3歳児から保育園に通っている4歳児のFちゃんの母親は，担任の保育者から何のまえぶれもなく，「Fちゃんは自分の思うとおりにならないとカーっとなって友達を叩いたり，みんなで一緒に行う活動ができず，一人好きな遊びをしています。私が注意してもなかなか聞いてくれません。一度専門機関を受診したほうが良いように思います」と，Fちゃんの問題とされる行動を書いたメモを渡されました。家では母親や父親ともよく話をし，活発で自分からいろいろな遊びを楽しんでいるFちゃんを見ている母親は，突然の園からの思いがけない話にどうしていいかわからない状態です。

【Work】事前学習

○担任の保育者からFちゃんの問題とされている行動を伝えられた母親の気持ちを考えてみましょう。

_____

_____

_____

_____

1　子どもの精神保健を理解する意義

1　精神保健とは

　「精神保健」とは，人々の精神的健康を対象とする学問であり，同時に実践的な活動も意味します。その目的は，

　　①精神的健康の保持・増進を図る

　　②精神健康障害の予防と健康回復

③精神障害の治療およびリハビリテーション

とあるように，精神保健とは精神障害の治療やリハビリテーションだけではなく，精神的な健やかさにも着目していることがわかります。このことから，精神保健とは人々の健康にかかわる医学や心理学，社会学や社会福祉学の学問的背景を持ち，それらが総合され，さらに，社会の価値観や個人の倫理観，あるいは生きがいにかかわる問題をも含むものです。

　精神保健の対象は，「発達段階」「生活環境」「精神の健康状態」の三次元で構成されていますが，本書では「乳幼児期の発達段階」「家庭・保育環境」を対象として，本節は「子どもの生活・成育環境」「子どもの心の健康」「子どもの発達障がい」への理解と支援のための基本的な知識の習得と，エピソードやワークによる実践力を育む内容になっています。

2　家庭・家族の変容が子どもに及ぼす影響

　家庭で多くの時間を過ごす乳幼児期の子どもにとって，家庭環境が発達に及ぼす影響は少なくありません。しかしながら，家庭・家族の形態や機能は近年，ますます多様化しています。日本において典型的であった核家族や祖父母世代と同居する三世代家族は減少傾向にあり，ひとり親家族，ステップファミリー[1]家族など，家族形態も様々に変容しています。家庭・家族の機能に関しては，衣食住に関する家事・育児機能や，子どもの安全を守る養育的機能，社会のルールや道徳性を経験し学ぶ教育的機能といった家庭内で行われてきた様々な機能が専門家による外部機能に移行している例も多く見られます。例えば家事代行サービスや塾，食事のデリバリー等です。このような形態や機能の変化は子どもの生活・成育環境をより複雑にし，子どもの心の健康に関しても家庭だけではなく社会全体で守っていかなくては成り立たない時代になっているように思われます。

▶1　ステップファミリー
家族
第3章第3節を参照。

3　保育者の育児支援とは

　近年，育児不安や孤独感を感じる親が増えているように思われます。そのような親に認められる特徴の一つとして，平均的な発達や，周りの子どもと自分の子どもを比べることで，わが子の発達が不安になってしまう傾向が見られます。「うちの子どもは普通でしょうか」「発達が普通ではないのでしょうか」等の親からの相談を，筆者が担当している発達相談でもよく耳にします。「うちの子どもは普通でしょうか」に込めら

れているものは「普通になるには何をすれば良いのでしょうか」「子どもが将来困らないためにできることは…」などでしょう。自分の子どもを平均的な子ども像と比較して，少しでも「普通」に平均的に何でもこなせる子どもになるために努力することが大切だという認知の眼鏡をかけている親に，子どもは唯一無二の存在であり，一人ひとりがその子どもなりの特性を持ち，価値のある存在であることを理解して，子どもそのものを受け入れる認知の眼鏡も揃えてもらうような支援こそ必要です。そのような支援は保育者の得意分野であるように思われます。保育者は，子どもの発達や養護，教育に高い専門知識や実践力を持ちながらも，親からすると気軽に相談ができる敷居の低い専門家です。また，家庭では見たことのない子どもの姿を，保育所や幼稚園，こども園の集団の場で理解し，親と共有してくれる子育ての良きパートナーです。そのようなパートナー的支援をする際に「乳幼児の発達」や「心の健康」に関する知識は，保育者にとって，大きな強みとなるでしょう。

4　子どもの発達を理解する意義

　近年，発達に特性を持つ子どもへの社会の関心が高まり，それに伴い発達障がいに対する認識が大きく変化しています。

　「障がい」の定義は，これまで心身の機能に障がいがあるか無いかで判断する「医学（医療）モデル」が中心でした。しかし1980年代から，個人の機能障がいだけではなく，社会の制度や環境が障壁となってその人の生活に障がいをもたらしているとする，障がいの「社会モデル」という考え方が広まり始めました。

　自らの経験や主観的な思いだけでなく，客観的な概念も併せて障がいを理解し，支援を考えていくことは，子どもの特性に合わせた多様な理解と支援が求められる保育者にとって大切なことです。

　しかしながら，発達の多様性や独自の発達パターンを持つ子ども一人ひとりの特性を理解し，日々の関わりを実践していくことは，大変難しく，保育者は日々試行錯誤を重ねています。本章は，「子どもの生活・成育環境」や「子どもの心の健康」「子どもの発達障がい」への理解と支援が単なる How to 対応の内容にならないように，エピソードやワークを取り入れ，発達の背景にある個々の特性を生活や成育環境との相互性の中で理解し，特性に合わせて柔軟に対応できるような視点を持てる内容で構成しています。

　第2節では，子どもが生活をし，育っていく環境に関する現状を理解し，変わっていく環境の中で，どのような保育が必要なのかを考えてい

きます。併せて，保育者として，自分自身がどのように生きていきたいかについても振り返って考えてみましょう。

　第3節では，子どもの心の健康，心の問題（症状）に焦点をあてて学びます。子どもの発達の過程では，時には困難に直面したり，これまでのやり方では上手く対応できなくなったりといったことが起こります。そういった時に，子どもは「症状」や，一見「問題行動」と受け取られやすいサインを出すことが多くあります。保育者として，子どもや保護者に落ち着いて，安心感を持ってもらえるような対応が出来るように「子どもの心の病気や問題」について，幅広い知識の習得と実践的な応用が学べます。

　第4節では，子どもの障がい，特に発達障がいへの理解と支援について理解を深める内容となっています。近年，発達の様々な特性が，教育・保育領域に限らず幅広い領域で広く理解されるようになったことから，発達の特性に適した支援の必要性が増大しています。しかしながら教育・保育の現場では，そのような個別の支援の難しさもまた指摘されています。第4節では発達障がいを持っている子どもに焦点をあて，障がいの理解と具体的な支援方法について考えていきましょう。

【Work】
＊巻末（p. 183）に，本節のまとめとして【ワークシート4-1】を掲載しています。探究的に課題に取り組み，幅広い視野を得て，さらに学びを深めましょう。

子どもの生活・成育環境の理解と支援

　本節では，子どもが生活をし，育っていく環境についての現状をまとめていきます。変わっていく環境の中で，どのような保育が必要なのかを考えていくだけでなく，自分自身の子どものころを振り返りながら，これからどのように生きていきたいかについても考えましょう。

〈エピソード〉結婚や子ども……どうしようかな

　Oさんは，一人っ子です。でも母は4人きょうだいがいます。母も本当はもう1人子ども（つまり私にとってのきょうだい）が欲しかったらしいのです。「なんで1人にしたの？」と尋ねてみたところ，「お父さんも仕事が忙しかったし，私も働いているからね。頼る人も近くにいなかったから，諦めたんだよね」と母が話してくれました。

　私はどうしようかな。まだ結婚もしていないけど，できれば仕事はずっと続けたい気もする。結婚はどうしようかな。子どもは欲しいとは思うけど，仕事も続けたいな。

　……と少し先のことをあれこれ考えるOさんなのでした。

【**Work**】事前学習

①あなたは将来，結婚をしたいですか。子どもは欲しいですか（何人欲しいですか）。あなたの
　将来のイメージを書いてみてください。

_____

_____

_____

_____

_____

②身近な人にも①について尋ねてみましょう。そして，同じところや異なるところについて考
　えてみましょう。

_____

_____

_____

_____

_____

1　核家族化・少子化

1　家族形態の変化

　厚生労働省の「国民生活基礎調査」による世帯構造の年次推移を見てみると，「夫婦と未婚の子のみの世帯」が最も多いものの，この30年ほどの間でも「単独世帯」「夫婦のみの世帯」が増加傾向にあります。このように，かつては多かった祖父母と両親と子という，三世代の世帯はきわめて少なくなり，その代わりに単独世帯や夫婦のみの世帯が増加していることがわかります。

　また，子どもについても少子化が進んでいます。2017（平成29）年時点で1.43人という低い合計特殊出世率からも，子どもの数が減っていることは明らかです。また，近年では，父・母・子という核家族の世帯が多くなっています。

　核家族であるということは，育児に様々な影響をもたらします。例えば，子どもが小さいと保育園から発熱したなどと電話がくることがよくあります。そうすると，誰かがお迎えに行き，場合によってはそのまま病院に連れて行かなければいけません。両親ともに仕事をしていた場合はどうなるでしょうか。もし祖父母が一緒に住んでいれば，代わりに行ってもらうこともできますが，祖父母と離れて暮らしている核家族の場合はそうもいきません。そうすると，父親か母親のどちらかが仕事の予定を切り上げ，場合によっては翌日以降も出勤できないかもしれないと上司に伝えたうえで，勤務を早退することになります。こういった働き方が続くと職場に居づらい雰囲気になったり，契約期間が決まっている働き方の場合には仕事を続けることができなくなったりします。

　このように，家族形態の変化についても保育者は理解している必要があります。

2　デジタル化と家族

　総務省の情報通信白書によると，スマートフォン（以下，スマホ）の所持率は2021年で67.6％となっており，ほとんどの人はスマホを所持する社会になっています。そのため多くの人々が，様々な情報をスマホから入手するだけでなく，娯楽についてもスマホを利用するようになりました。

　総務省の情報通信白書によると，このように移動しながらインター

ネットを利用できるようになったきっかけは，手軽にインターネットにアクセスできる機種が発売された2008年が契機だと思われます。多くの人がスマホのアプリケーションを利用して毎日を過ごしていると思います。しかし，スマホ依存という言葉も出てきたように，使いすぎると健康を害します。

　さらに，2020年頃に発生した新型コロナウイルス感染症拡大の影響により，その使用率はさらに増えたという指摘もあります[注1]。

　育児についても，様々なデジタルツールが生まれています。核家族化により，すぐに誰かに相談することができるという環境ではないため，子どもの体調が悪い時，病院を探す時，病院の予約をしたい時，仕事先や家族に連絡を取る時，子どもが病院で泣き出してしまい，居た堪れなくなった時……と様々な場面でスマホはパソコンを立ち上げるような手間もかからず，どこでもアクセスすることができる便利なツールです。

　スマホ育児という言葉にあるように，しばしば街中で見かける，スマホの画面ばかりを見ていて，子どもを放置している親に対しての批判が高まりました。このようなことから，育児中におけるスマホの使用について良い印象を持たれていないという現状があります。

　2013年に日本小児科医会は「スマホに子守りをさせないで！」というポスターを発行し，啓発を始めました。その理由として，乳幼児期の親子の会話や体験を共有する機会を奪うなど，健康を害するとしたためです。その後，いくつかの研究により，育児とスマホ利用の関連性については明らかにされてきましたが，2015年，アメリカ小児学会は，2歳以下の子どもにはスマホやタブレットを一切使わせるべきではないとするそれまでのガイドラインを見直し，使用することを前提とした上で何が重要であるのか具体的な内容を示しています[注2]。このように，一方的に「スマホは悪」ではなく，どのように上手に使用していくかという考え方になりつつあります。

　日本では，2013年にベネッセ総合研究所が「乳幼児の親子のメディア活用調査」を行い，子どもがスマホやタブレットのアプリを利用することについて，およそ7〜8割の親が，子どもの「知識が豊かになる」「歌や踊りを楽しめる」「作る，描くなどの表現力を育む」と肯定的な考えを持つという結果を示しています。その一方で，ほぼ同じ割合の親が「目や健康に悪い」，「夢中になりすぎる」を使用上の気がかりとして挙げていることを明らかにしています[注3]。また，岡村（2017）は，日本では核家族化などにより社会的資源が少ないため，スマホを育児の社会的資源にできないかという視点から研究を行っています。その結果，育児が

注1　アメリカにおける「モバイル利用時間調査」（2021）https://www.insiderintelligence.com/content/us-time-spent-with-mobile-2021/（2023年4月27日閲覧）。インサイダー・インテリジェンスによる調査レポート。

注2　Shapiro, Jordan (2015) "The American Academy of Pediatrics Just Changed Their Guidelines on Kids and Screen Time", *Forbes*. Retrieved August 1, 2016, http://www.forbes.com/sites/jordanshapiro/2015/09/30/the-american-academy-of-pediatrics-just-changed-their-guidelines-on-kids-andscreen-time/#32678cd1137c（20221年12月7日閲覧).

注3　ベネッセ教育総合研究所『第2回乳幼児親子のメディア活用調査』（2013-2017）https://berd.benesse.jp/up_images/research/sokuhou_2-nyuyoji_media_all.pdf.（2022年12月7日閲覧）。

困難だと思う母親ほど IT 機器を利用してソーシャルネットワークに繋がることなどにより，母親自身が育児などによって生じた葛藤やストレスなどを低減できることがわかりました[注4]。

このように，進むデジタル化によって家族の形や育児は変化しつつあります。しかしその一方で，方法は変わっても人とつながることで精神的なストレスが低減されるなど変わらないところもあります。以上のことから，保育者は変化していく事象についてもより広い視野で，一方的な情報に振り回されずに理解しようとする姿勢が大切です。

3　遊び場の減少

近年，犯罪などを理由とした社会状況の変化や，塾などによる子どもの遊び時間の減少，そして，「ボール遊び禁止」といった，公園などに規制があることで自由に遊ぶことができないといったことなどから，子どもの遊び場が減少しているといわれています。屋外での遊び場のうち，多くは校庭か公園だといわれています[注5]。都市化なども進んでいるため，園庭を持たない保育施設も存在します（その場合には，近くの公園が園庭の代わりとなります）。

広い場所での自由な遊びは，粗大運動系▶1の活動となることが多いため，全身を使った幼児期に必要な基礎的な能力を促進させる運動をすることができるといわれています。

文部科学省（2012）より「幼児は様々な遊びを中心に，毎日，合計60分以上，楽しく身体を動かすことが大切」とする幼児期運動指針が策定され，幼児期における身体活動への関心の高い状態が続いています。さらに，日本学術会議では2017年7月11日に「子どもの動きの健全な育成をめざして〜子どもの基本的動作が危ない〜」を提言し，子どもの基本的動作の重要性についても指摘しています。

このように，遊び場の減少は幼児の体にも影響を及ぼすことを理解しておくことが重要です。

4　ひとり親家庭と貧困

第3章第4節で説明されているように，日本はいわゆる途上国のような絶対的な貧困はあまりありませんが，大多数と比べて貧困である，といった相対的貧困は増加傾向にあります。厚生労働省の報告書によると，相対的貧困率は15.4%（2021年）です。子どもがいる現役世帯では

注4　岡村利恵（2017）「未就学児を持つ母親の IT 機器利用と生活充実感」『家族社会学研究』29，7-18頁。

注5　安恒万記（2012）「小学生の遊び場から見る都市公園再整備の課題」『筑紫女学園大学・筑紫女学園大学短期大学部紀要』(7)，207-219頁。

▶1　粗大運動
姿勢と移動運動に関する技能を獲得する運動のこと。主に全身を使った運動のことで，毎日の生活の土台になる動きである。

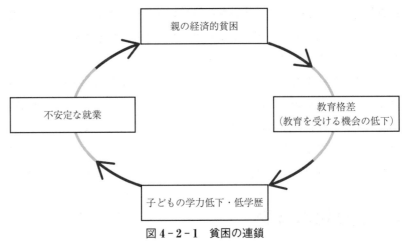

図4-2-1　貧困の連鎖

出所：公益社団法人チャンスフォーチルドレンのホームページをもとに筆者作成。

11.5％，ひとり親世帯では44.5％にのぼります。つまり，6人に1人が相対的貧困ということになります[注6]。

　相対的貧困は，ほとんどの人が送っている「標準的な生活」を送ることができません。例えば，家計を支えるために毎日アルバイトをしなければいけなかったり，金銭的な理由で大学進学を断念したり，食費をきりつめるために栄養が偏った食べ物しか食べられなかったり，十分に食べられなかったり，などです。こうした相対的貧困は，単純に経済的な問題に加え，様々な問題があります。まず，貧困は連鎖するということです。親が貧困であるために，十分に勉強ができなかったり，勉強するような環境でなかったりすると，不登校や学力の低下につながります。すると，低学歴に繋がり，労働賃金が安いか，労働の雇用環境が不安定な仕事に就かなければならなくなります。そうすると，突然仕事を退職することになったり，親が仕事をかけもち（ダブルワーク・トリプルワークなど）することになり，ほとんど親が家にいなかったり，仕事のしすぎなどで身体や精神の疾患になったりするというように，貧困は世代を超えて繰り返され，連鎖されていくことが問題となっています（図4-2-1）。

　また，こういった貧困は，ひとり親家庭の場合に多く見られています。ひとり親家庭の場合，多くの子どもは親の離婚を経験することになりますが，親の離婚は子どもにとってどのような影響があるのでしょうか。

　短期的な影響は，精神的に成熟した，自信がついた，他人を思いやる力が向上した，といった比較的肯定的なものがみられます[注7]。しかし，長期的な影響として，子どもの年齢によって見られる心理状態は異なるものの，共通して年齢よりも幼い行動が見られたり，不安の高まり，攻撃

注6　厚生労働省「2022（令和4）年　国民生活基礎調査の概況」https://www.mhlw.go.jp/toukei/saikin/hw/k-tyosa/k-tyosa22/index.html（2023年12月1日閲覧）。

注7　Gately, D., & Schwebel, A. I. (1993) "Favorable outcomes in children after parental divorce." *Journal of divorce & remarriage*, 18 (3-4), pp. 57-78.

140

的な行動などが現れたことが報告されています[注8]。しかも，子どもが大人になり，子ども自身に恋人ができたり，結婚や出産などといったライフイベントが起きる度に，親の離婚の影響が形を変えて現れることもあります。このように，親の離婚自体に注目されがちですが，離婚は直後だけではなくその後にも影響する可能性があるという視点で捉えていくことが大切です。なお，離婚による子どもへの影響については，第3章第3節も参照してください。

5　疾患を抱える親

　日本では，精神障害者数が390万人を超え[注9]，国民の約30人に1人が精神疾患を持つようになりました。精神疾患に限らず，何らかの疾患を抱えての子育ては，ただでさえ大変な子育てがさらに大変なものになることが予想されます。

　第3章第4節で説明されているように，村瀬（2007）は母親の産後うつは，子どもにも影響を与えるとされています[注10]。このように，精神疾患についていえば，子どもへの様々な影響があるといわれています。例えば，親子の愛着形成の問題や，コミュニケーション不足によって子どもの行動や発達，情緒面における問題などが報告されています[注11]。

　日本は性別役割分業[▶2]の考えが存在するため，特に母親が何らかの疾患を持った場合，家庭内への影響がさらに大きくなるといわれています。ポーラら（2018）では，病気になった際，どのように子どもに伝えるのか，子どもにどのような辛さが現れるのかなど，どうしたらよいのかということがまとめられていますが，このように親が病気になると自身の病気の辛さだけではなく，子どもをとりまく様々なことに悩むことになります[注12]。多くの親にとって「疾患を抱えながら子育てすること」は初めてのため，大変な困難になることが予想されます。

　以上のように，何らかの疾患を抱えている親は社会的な支援の必要性なども含めて，丁寧に関わることが大切です。

6　新型コロナウイルス感染症の流行

　2019年頃から，新型コロナウイルス感染症が流行しました。国際保健機関（World Health Organization：WHO）が2020年3月にパンデミックとなったことを宣言しました。COVID-19と命名されたこの感染症は，世界各地で感染が拡大し，膨大な死者が出ました。もちろん日本でも多

注8　Wallerstein, J. S., & Kelly, J. B.（1975）"The effects of parental divorce: experiences of the preschool child," *Journal of the American Academy of Child Psychiatry*.

注9　厚生労働統計協会（2017）『国民衛生の動向──厚生の指導増刊』64（9），129頁。

注10　村瀬浩二・落合優（2007）「子どもの遊びを取り巻く環境とその促進要因──世代間を比較して」『体育学研究』52（2），187-200頁。

注11　Beardslee, W. R.（1998）"Prevention and the clinical encounter." *American Journal of Orthopsychiatry*, 68（4）, pp. 521-533. Maybery, D., & Reupert, A.（2009）"Parental mental illness: a review of barriers and issues for working with families and children." *Journal of psychiatric and mental health nursing*, 16（9）, pp. 784-791.

▶2　性別役割分業のシステム
女性は家庭，男性は仕事といった，性別と職業を結び付けて固定的に考える考え方のこと。

注12　ポーラ・ラウフ，アンナ・ミュリエル（2018）慶応義塾大学医学部心理研究グループ訳『子どもを持つ親が病気になった時に読む本──伝え方・暮らし方・お金のこと』創元社。

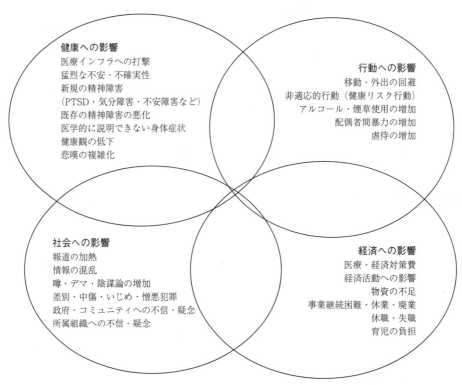

健康への影響
医療インフラへの打撃
猛烈な不安・不確実性
新規の精神障害
（PTSD・気分障害・不安障害など）
既存の精神障害の悪化
医学的に説明できない身体症状
健康観の低下
悲嘆の複雑化

行動への影響
移動・外出の回避
非適応的行動（健康リスク行動）
アルコール・煙草使用の増加
配偶者間暴力の増加
虐待の増加

社会への影響
報道の加熱
情報の混乱
噂・デマ・陰謀論の増加
差別・中傷・いじめ・憎悪犯罪
政府・コミュニティへの不信・疑念
所属組織への不信・疑念

経済への影響
医療・経済対策費
経済活動への影響
物資の不足
事業継続困難・休業・廃業
休職・失職
育児の負担

図4-2-2　特殊災害が与える影響

出所：重村淳・高橋晶・大江美佐里・黒澤美枝（2020）『COVID-19（新型コロナウイルス感染症）が及ぼす心理社会的影響の理解に向けて』トラウマティック・ストレス，18，71-79頁をもとに筆者作成。

くの死者が出たため，人々はこれまでの生活を一変させなければいけなくなりました。この状態は，もはや特殊災害と呼ばれています。こういった特殊災害の大変なところは，「目に見えない」というところにあります。ウイルスは「ここにある」と見ることができません。そのため，健康面はもちろん，移動や外出を控えるような行動面の影響，デマを含めた報道や情報が過熱するというような社会面の影響，そして，休職や失職，保育施設の休業などにより育児の負担が増えたことによる仕事量の減少などの経済面の影響などがあげられています（図4-2-2）。

　このように，社会全体が大きく変化することで，親を取り巻く環境は大きく変化しました。緊急事態宣言が出されたことで，家から極力出ないように，仕事も家で行うリモートワークに変わった家庭が多くありました。保育園なども休園しているため，多くの親が家で仕事を行いながら子どもを見なければならないという状態になりました。石井ら（2021）では，これまでの生活パターンが一変し，在宅勤務と在宅育児の両立を迫られた保護者の戸惑いとストレスは非常に大きいものであっただろうと書かれています。[注13]大人ですらこのように大きな混乱とストレ

注13　石井正子・木村英美・横山愛（2021）「新型コロナウイルス感染症流行下で，保育者はどのように子どもや家庭への支援を行ったか──実践報告」『昭和女子大学現代教育研究所紀要』(6)，117-127頁。

スがもたらされたわけですから，子ども達にとってはなおのことストレスがあり，混乱があったことはいうまでもありません。

　子どもの有り余るエネルギーは，近年，集合住宅などのような，スペースが限られてしまう自宅では到底発散できるものではありません。思い切り体を動かすことができないばかりか，自宅にいても家の中を走り回ったり，激しい音を立てたりしてしまいます。そうすると，親もストレスが高くなっているため，子どもに対してイライラしてしまう，叱ってしまうなど，親子共にストレスの高い状況になってしまうのです。

　また，保育施設が休園から明けて再開されても，これまでとは様々なことが変化しました。まず大きな変化として，マスクを着用しなければいけなくなったことです。マスクは飛沫を減らし，感染症の予防効果があるというメリットはみなさんも知っていると思いますが，暑い時期には熱中症のリスクを高めることや，保育者や友達の顔の表情が見えにくくなるといったたくさんのデメリットがありました。特に幼児期は顔の表情をはじめとした様々な情報を読み取る力や，同年齢の友達と関わることで，感情を育んでいくことが大切な時期です。本来であれば，たくさんの人と関わる保育施設でこそ，顔の表情が見えることが大切なのですが，それが難しくなってしまいました。

　また保育にも大きな変化がありました。まず多くの園で体温や体調を毎朝確認するようになりました。他にも消毒作業なども増えました。ICT を活用した家庭への関与を行わざるを得なくなった保育施設も増えたかと思います。

　このように，新型コロナウイルス感染症の流行により保育環境や保育現場には多くの変化がありました。保育者はこういった社会の変化の影響を受けやすい一方で，医療従事者などとともに社会に欠かすことのできない仕事（エッセンシャルワーカー）であることが社会に再認識されたように思います。

　以上のように，本節では子どもの生活や，子どもの育つ環境から，子ども家庭支援についてまとめました。保育者は，とりわけ社会の変化に敏感でいること，なるべくいろいろな視点からの情報を集めるようにして，物事を捉えるようにすることなどが大切だといえます。

【Work】事後学習

①エッセンシャルワーカーは他にどのような職業があるでしょうか。

②2021年頃から新型コロナウイルス感染症が流行し，保育方法は変化しました。どのような変化があったのか，調べてまとめましょう。

＊巻末（p. 184）に，本節のまとめとして【ワークシート4-2】を掲載しています。探究的に課題に取り組み，幅広い視野を得て，さらに学びを深めましょう。

参考文献

Bennett, W. L. (2012) *The personalization of politics: Political identity, social media, and changing patterns of participation.　The annals of the American academy of political and social science*, 644(1), pp. 20-39.

E Marketer, US Time Spent with Mobile 2022.
https://www.businessinsider.jp/post-242027 （0000年00月00日閲覧）.

原陽一郎（2016）『乳幼児期の子育てで使用されているデジタルコンテンツについて』人間文化研究所年報（27），263-268頁.

橋元良明・久保隅綾・大野志郎（2019）『育児とICT──乳幼児のスマホ依存，育児中のデジタル機器利用，育児ストレス』東京大学大学院情報学環情報学研究 調査研究編＝Research survey reports in information studies. Interfaculty initiative in information studies, the University of Tokyo, 35, pp. 53-103.

厚生労働省「国民生活基礎調査」.

佐藤丘・中村攻（1985）「子どもの遊びに供される地域空間に関する研究」『造園雑誌』49(5)，245-250頁.

総務省（2021）『情報通信白書』.

田野中恭子（2019）「精神疾患の親をもつ子どもの困難」『日本公衆衛生看護学会誌』8，23-32頁.

子どもの心の健康への理解と支援

本節では，子どもの心の健康，心の問題（症状）に焦点をあてて学びます。子どもの発達の過程では，時には困難に直面したり，これまでのやり方では上手く対応できなくなったりといったことが起こります。そういった時に，子どもは「症状」や，一見「問題行動」と受け取られやすいサインを出すことが多くあります。保育者として，子どもや保護者に落ち着いて，安心感を持ってもらえるような対応が出来るように学んでいきましょう。

〈エピソード〉梅雨のある日

　何日も雨の日が続いていました。4歳児クラスの子ども達が室内遊びをしています。「俺が使ってたのに何するんだ！」「貸してって言っただろ！」と，H君とG君の大きな声が聞こえます。2人とも，普段は外で思いっきり体を動かして遊ぶのが大好きです。何日も雨が続いて，ここ数日は2人ともイライラしてちょっとしたことですぐケンカになります。そんな時，保育者の服をちょんちょんと引っ張る女の子がいました。何だろうと見てみると，Mちゃんが紙を持っています。Mちゃんは場面緘黙症で，園ではお話をしません。紙にはてるてる坊主が描かれていました。「早く晴れるといいね」というと，はにかんでうなずいてくれました。

【Work】事前学習

○みなさんが園に通っていたころ，嫌だったことを思い出してみましょう。友達が子どもにも頃に嫌だったことを聞いてみましょう。

_____

_____

_____

_____

1　子どもの心の健康

1　ストレス反応の仕組み

　「ストレス」という言葉を聞くと，よくないものというイメージがあるのではないでしょうか。私たちが様々な状況や出来事に適応し，成長できるのは，実はストレス反応のおかげです[注1]。外からの有害な刺激のことを「ストレッサー」といい，ストレッサーに反応して起きる心身の反応のことを「ストレス反応」といいます。ストレスの原因になるスト

注1　渋谷昌三監修（2007）『スーパー図解雑学　見てわかる心理学』ナツメ社。

レッサーにはいろいろな種類がありますが，ストレスという言葉から連想されやすいのは「心理的・社会的ストレッサー」です。人間関係や家庭の事情，生活環境の変化を始め，様々な出来事から生じる不安，心配，緊張，葛藤等が含まれます[注2]。ストレス反応には様々なものがあり，発熱，食欲不振，腹痛，頭痛，不眠，不安，落ち込み，イライラといったものが代表的です。これらのストレス反応は，ストレッサーから心と体を守るための反応です。

　新しい刺激や新しい環境は，最初はストレスとなりますが，乗り越えることが出来れば人間性や知能を発達させます。みなさんが今まで乗り越えてきたテストや試験を思い出してみましょう[注3]。テストや試験は嫌だった人や大変だった人が多いと思いますが，その時身に付けたことは，みなさんの知識となったり，自信になったりしているはずです。子どもも同様で，例えば友達とおもちゃの取り合いになったり，順番の列に並んで待たなければならなかったり，毎日の生活の中でストレスを感じる場面は多々あるでしょう。しかし，周りの大人の援助で乗り越えることが出来れば，今度は子ども自身の力で問題を解決出来るようになったり，一人でも我慢して待ったりすることが出来るようになっていきます。つまり，ストレスを感じること自体は悪い事ではないのです。一方で，本人の心と体が対応できる以上の大きく強いストレスがかかりすぎたり，長期間ストレスにさらされすぎたりすると，病気が引き起こされる時があります。心の病気もあれば，心の問題が様々な身体の症状や行動，習癖（くせ）として現れることもあります。

2　子どものストレス反応の特徴

　これまでの話は子どもから大人まで共通するものですが，子どものストレス反応には大人と違った特徴があります。まず，大人と子どもでは，子どもの方がストレッサーの影響を受けやすく，困難な状況になりやすいという特徴があります。二つ目の特徴として，子どものストレス反応は，体の症状やいつもと違った行動として現れることが多くあります。身体の症状では，先ほどのストレス反応の発熱，食欲不振，腹痛といったものが該当します。いつもと違った行動は，泣く，物に当たる，叫ぶ，部屋や園から飛び出す，落ち着きがなくなる，遊ばなくなる，話さなくなるといった行動が挙げられます[注4]。

　子どものストレス反応の特徴の背景にはいくつかの理由があり，①心身のつながりが大人よりも大きいこと，②ストレッサーに対応する力がまだ少ないこと，③心理的な苦痛を自覚しにくいだけではなく，言葉，

注2　この他に，生理的ストレッサー（疲労・空腹・睡眠不足など），物理的ストレッサー（暑さ・寒さ・湿気・強風・騒音など），生物学的・化学的ストレッサー（花粉・ダニ・カビ・排気ガスなど）がある。

注3　前掲注1。

注4　神長美津子・岩立京子・岡上直子・結城孝治（2019）『幼児理解の理論と方法』光生館。

表情，態度でうまく表現できず，周りにも伝わりにくいこと，④発達が目覚ましい時期であるために自律神経系，内分泌系，免疫系の変化がもともと大きいといったことが挙げられます[注5]。特に③については，子どもにとって言葉で気持ちを表現することはまだ難しいことを理解しておく必要があります。子どもが自分の心のありようを言葉にして伝えてくれることは多くはありません。もちろん，言葉にしてくれた時には一生懸命子どもの話を聴きましょう。一方で，子どもが今の気持ちや考えを言葉にしてくれなくても，子どもの表情や行動の変化を観察することから，気持ちの変化や SOS のサインを読み取り，代弁できるようになりたいものです。

注5　東山紘久編著（2002）『子どものこころ百科』創元社。

3　子どもの心の健康のために保育者が出来ること

　それでは，子どもの「ストレス解消法」，「ストレス発散法」は何でしょうか。子どもはまず，不安を感じた時には，「心の安全基地」である，信頼関係が築けている大人と一緒に過ごし，心のエネルギーを充電します。また，遊びには「カタルシス[▶1]」という効果があります。大人のストレス発散にもこの「遊び」の要素が含まれるものが多くあります。子どもが楽しく遊べるような援助を行うことがストレスを少なくすることにもつながります。

▶1　カタルシス
不快な感情や不安，葛藤などを自由に表現することで心の緊張をとく方法。

　「なみだせんし　マモルンダー[注6]」のお話では，「なみだせんし」として，「バリア」「アタック」「リフレッシュ」の3人が登場します。お話の中では，目を砂から守るための涙がたくさん出たあと，前が見えにくくなった女の子が転んでしまい，お気に入りの服が汚れてしまいます。そこで出番が来たのが「リフレッシュ」です。ストレスホルモンが出て，心臓がバクバクしたり，気持ちがイライラしたりするのを，涙で洗い流します。このように，悲しい時，嬉しい時など，気持ちが高ぶった時には涙が出ます。その涙は，ストレス物質を洗い流し，泣いたあとは気分がすっきりします。

注6　山下美樹，国立科学博物館監修（2019）「なみだせんし　マモルンダー」『かがくのおはなし25』西東社，82-91頁。

　みなさんは，ほっとしたら涙が出た，気持ちをわかってくれる人のそばや，安心できる状況になった時に初めて涙が出た，という経験はないでしょうか。もしも，みなさんが接する子どもの中に，"泣いてもおかしくない状況なのに泣いていない子ども"を見かけたら，心が張り詰めすぎて涙も出せない状況になっていないか，気にかけて，声をかけてみてください。

2　子どもの心の病気や心の問題のサイン

1　対応の基本

　先ほども述べた通り，ストレスは誰にでもあるものであり，子どもも日々の生活の中で様々なストレスを感じています。多くの場合には，ストレス反応が出たとしても，周囲の大人の見守りや支援を受けながら様子を見ていくことで改善することが多いです。症状が長く続いたり，子どもや保護者の困り具合や不安が強かったりする場合には，専門機関で相談することを考えます。

　子どもに身体の症状が出ている場合には，必ず小児科等の医療機関を受診するようにするのが原則です。子どもの身体の病気を見逃すことがないようにという理由に加えて，心身症のように心と身体の両方が関連している場合もあります。また，心の問題による身体の症状だったとしても，周りの大人が自分のことを気にかけて心配してくれているということや，医療機関の受診のために大人と二人で出かけることが，子どもにとってプラスに働くことも多くあります。

　子どもの生活は，家庭と園が大半の時間を占めていることから，保護者と協力をしながら，園で子ども達の様子を見守っていく必要があるでしょう。ストレッサーに思い当たることがあり，取り除くことが出来る場合には，ストレッサーからの影響が少なくなるように環境調整を行います。しかしながら，ストレッサーがわかっても取り除けない場合や，わからない場合もあります。例えば，家族全体として抱えている困難が子どもに影響を与え，子どもの心の問題のサインとして出てくるということもあります。子どもが過ごしやすい環境を整えることに加えて，ストレスに対処する方向で援助をすることが有効になる場合もあります。

　以下，子どもに関わりの深い病気や症状を学んでいきましょう。

2　分離不安症

　主たる養育者から離れることを嫌がり，泣くことは通常の発達過程の中でも見られます。「分離不安症」は，3歳以降の年齢で，主たる養育者から離れる不安や恐怖が大きすぎる場合で，例えば登園が困難になるといったことが起こります。近親者，友人，またはペットの死や，転居・転園などの生活上のストレスがきっかけで分離不安症になる場合もあります。[注7]

　園では，保護者と協力しながら，担任保育者と子どもとの信頼関係を

注7　前掲注5。

築き，担任保育者が園での生活の「心の安全基地」となれるようにしていきます。例えば，保護者に一緒に登園してもらい，時間を決めて園にいてもらうことや，移行対象[▶2, 注8]を，一時的にルールを決めて持ってくることを認める等の工夫が有効な場合もあります。また，保護者の不安も軽減できるよう，保護者と保育者の関係づくりも大切です。

3　心身症

　心身症とは，体の病気のうち，その発症要因や慢性化にストレスが関与している病気の総称です[注9]。「心（だけ）の病」と間違われやすいのですが，そうではありませんし，仮病でもありません。例えば，登園・登校しようと思うとお腹が痛くなるということや，ストレスがかかると喘息やアトピー性皮膚炎などのアレルギー症状が悪化するといったことが起こります。心身症は，個人の体質や性格，それまでの身体の問題や病気にストレッサーが加わり，対処が困難になったときに発症します。

　医療機関を受診し，必要に応じて症状を軽減する薬の力を借りながら，心の問題としても対応をしていくことになります。

4　神経性習癖

　誰しも一つや二つの癖は持ち合わせているものですが，子どもの場合，大人側から見て困った癖として，なんとか直したい，やめさせたいという気持ちから矯正や叱責の対象となり，かえって癖が定着したり，悪化したりする場合があります[注10]。癖が出る状況と出ない状況をよく観察すると，対応のヒントになる場合が多いです。

①指しゃぶり

　指しゃぶり（指吸い）は，通常の発達過程の中でも多くの子どもに見られます。3歳を過ぎると自然に消失する場合が多いですが，歯並びの問題で歯科医から止めさせるように指摘されることや，保護者が気にする場合も見られます。夢中になって楽しく遊んでいる時には見られないことが多いため，好きな遊びに誘う，自然と口から手が離れる手遊びなどの遊びを取り入れることや，優しく伝えるといった対応があります。

②爪かみ

　爪かみは3〜4歳ころから始まることが多く，緊張や不安，イライラ感，退屈などが原因と考えられています。緊張や不安，イライラを感じている理由がわかる場合にはその対応を行い，思いっきり遊んで，遊び

▶2　移行対象
子どもが主たる養育者の代わりに安心感を感じられるような物。ぬいぐるみなど，手触り・肌触りのいい物が多く，主たる養育者と離れる時など，不安を感じた際に重要な役割を担うことが多い。

注8　高良聖（2004）「移行対象」氏原寛・亀口憲治・成田義弘ほか編『心理臨床大事典 改定版』培風館，988-989頁。

注9　厚生労働省『用語解説　心身症』https://kokoro.mhlw.go.jp/glossaries/word-1602/（2023年3月10日閲覧）。

注10　前掲注5。

の中でストレスを発散出来ているかどうかを観察しましょう。

③抜毛

　抜毛は毛を抜くことを止められない状態をいいます。本人が意識している場合も無意識の場合もあります。髪の毛を抜く力がつく10～15歳ころが多いですが，幼児から青年にかけて幅広く見られます。不安や緊張，怒りの感情や攻撃性が背景にあるという説が多く見られます。思春期の場合には，背景に統合失調症などの病気がある場合もあります。

④夜泣き

　生まれたばかりの赤ちゃんには昼夜の区別がなく，3時間位毎に目覚めて泣くといったリズムで過ごします。乳幼児期は大人に比べると眠りが浅く，ちょっとした刺激でも目覚めやすく，かといって完全には目覚めきれない状態が夜泣きです。ほとんどの場合は，生活リズムが安定するにつれて解消します。対応としては，室温，騒音，寝具など，眠るための環境を整えることと，昼間目覚めている時にたくさん関わり，遊ぶことを意識します。日中のストレスが影響して突然夜泣きが起こることもあります。保護者が睡眠不足で心身の調子を崩していないかも確認してください。

⑤夜驚症，夢中遊行症

　睡眠中に悲鳴や叫び声をあげて突然覚醒し，極度のパニックを起こすのが夜驚症（睡眠時驚愕症）です。夜驚症のように，不安や恐怖は強く感じられないけれども，同じように睡眠中に突然起き上がって歩いたり動き回ったりすることを夢中遊行症（睡眠時遊行症）といいます。このような状態になっている時には，周りから話しかけても反応がなく，しばらくたつと寝入ってしまい，翌朝目を覚ました時には覚えていないことがほとんどです。夜驚症や夢中遊行症は，乳幼児期は大人に比べると眠りが浅く，ちょっとした刺激でも目覚めやすいということに加えて，心理的な原因が合わさっておきることが多くあります。心理的な原因がわかり，取り除くことが出来る場合には，原因を取り除く努力をします。夜驚症や夢中遊行症が起きた時には，子どもが怪我をしないように安全を確保します。なだめて，目覚めさせてから再び寝かせる場合もありますし，目を覚まさない時は，無理に目覚めさせなくてもよいです。また，大人から子どもに夜驚症や夢中遊行症の話をすることで子どもが不安になり，かえって悪影響になることがありますので話はしないようにしましょう。午睡時には保育者が対応できますが，ほとんどの場合は夜の睡眠時に起こります。保護者が

落ち着いて対応できるような支援が必要です。

⑥場面緘黙

注11　DSM-5 日本語版 (2014) では「選択性緘黙」と表記されており，現在日本の正式な文書はこの名称が多く使われている。しかし，「選択性緘黙」という名称が，様々な誤解を招くということから，日本場面緘黙関連団体連合から，DSM-5 と ICD-11 の和訳を「場面緘黙」と改定を求める要望書が出されている。かんもくネット「場面緘黙とは」https://www.kanmoku.org/kanmokutowa（2022年12月20日閲覧）。

　場面緘黙（選択性緘黙）[注11]は，家庭ではごく普通に話すのに，保育所や幼稚園，学校などの社会的な状況で声を出したり話したりすることができない症状が続く状態をいいます。原因は，気質（子どもが生まれつき持っている特徴）や，環境など，様々な要因が関わっているといわれますが，特に，不安が高いこととの関連が指摘されています。会話や意思表示を，どんな場面で，誰に，どの程度出来るかは子どもによって様々です。無理に話をさせようとしないように注意すること，アイコンタクトやジェスチャーなど，非言語のコミュニケーションや表現方法も取り入れながら，本人が安心できる環境をつくります。

⑦構音障害

　「サカナ」を「タカナ」と言ったり，「ラッパ」を「ダッパ」と言ったりすることは，幼児にはよく見られ，幼児語とも呼ばれます。幼児語と構音障害の境界はあいまいですが，部分的に構音がはっきりしなくても，おおよそ満3歳くらいまでに，サ行・ザ行・ラ行以外の全ての語音が発音でき，満6歳くらいまでに全ての構音が出来れば幼児語とみなすことが出来ます。構音に関係する器官（口唇，下，顎，歯など）の形や機能に障害がある場合と，音を聞き分ける力や知的な発達，心の問題が影響している場合があります。原因に応じて，医学的な治療や，言語聴覚士 (ST) と行う言語訓練（言語指導）を取り入れます[注12]。

注12　前掲注5。

　幼児語，構音障害で共通する，家庭や園での注意点としては，子どもに言い直しをさせない（言い直しを強要しない）ことです。まず最優先すべきなのは，子どものコミュニケーションに対する意欲です。言い直しをさせられることでコミュニケーションの意欲が削がれることが，最も避けたい状態です。楽しい雰囲気の中で，正確な構音を聞き取りやすいように，大人がゆっくり，はっきりと話しましょう。構音が正しいか，正しくないかを本人も周りも気にせず，自然とたくさん話をしてくれるような環境をつくることを大切にしてください。

5　吃音／小児期発症流暢症／小児期発症流暢障害

　話し言葉が滑らかに出ず，繰り返したり，引き伸ばしたりなど，いわゆる「どもる」状態のことを吃音といいます。代表的などもり方は三種類で，①音のくりかえし（連発）（例：「か，か，からす」），②引き伸ばし

（伸発）（例：「かーーらす」），③言葉を出せずに間があいてしまう（難発，ブロック）（例：「……からす」）があります。[注13]

　子ども自身が吃音になりやすい体質的（遺伝的）な特徴を持っていることが多いことから，DSM-5（精神疾患の分類と診断の手引き）では，神経発達症群，いわゆる発達障害に分類されています。[注14]

　幼児期に発症する場合がほとんどですが，7〜8割くらいが自然に治るといわれています。家庭や園での対応では，幼児語や構音障害の対応と同じように，コミュニケーションに対する意欲に注目していきます。吃音は，うまく話せる時があったり，反対に，緊張や不安を感じると吃音が出やすくなったり等，波があることがほとんどです。吃音が出たときに笑われたり，注意をされて嫌な気分になったりすることが，話すことに対する不安や拒否感につながることがあります。本人も周りも気にせず，自然に治る環境を周りの大人が作っていきましょう。

3　虐待──不適切な養育を受けた子どもの心の健康

1　不適切な養育の影響と子どもたちが示す特徴

　第1章において，生涯発達心理学の観点から，子どもの発達について学びました。乳児期の発達課題は「基本的信頼感」でした。基本的信頼感は，「誰か（養育者や特定の大人）を心から信頼できる気持ちを持てるようになること」です。みなさんは，どうしてこの発達課題に「基本的」という言葉がついているのか疑問に思わなかったでしょうか。実は，特定の大人との間に作ったこの「基本的信頼感」は，子どもが成長していく過程で，かなり広い範囲に影響を与えることになるからです。例えば，これから出会う人への信頼感，この世界全体への信頼感，自分への信頼感（周囲から自分が認められ，受け入れられている感覚）へ広がります。[注15]虐待を受けた子どもは，不適切な養育を継続的に受けることによって，この「基本的信頼感」が揺らぐことになり，発達や精神的健康，対人関係といった様々な側面で，大きな困難を抱えることになります。表4-3-1に虐待を受けた子どもが園で示す特徴を，表4-3-2に心理的な影響についてまとめました。

　虐待をはじめとした不適切な養育を受けることで，短期的にも長期的にも子どもに多くの影響が出ることになります。子どもは，様々な出来事を「自分のせいだ」と思いやすいという特徴があります。そのため，子どもが，自分が悪いから虐待されるのだと思ったり，愛情を受けるに値する存在ではないと感じたりすることで，自己評価や自己肯定感の低さにつな

注13　国立障害者リハビリテーションセンター「吃音について」http://www.rehab.go.jp/ri/departj/kankaku/466/2/（2023年3月17日閲覧）。

注14　日本精神神経学会監修（2014）『DSM-5 精神疾患の診断・統計マニュアル』医学書院。

注15　森茂起編著（2016）『「社会による子育て」実践ハンドブック──教育・福祉・地域で支える子どもの育ち』岩崎学術出版社。

表4-3-1　虐待を受けている子どもたちが示す特徴

身体的な特徴 •同年齢・月齢の子どもの平均的な身長・体重に比べて，身長・体重の増加がない。 •不自然な外傷（打撲，あざ，やけど）が常時，あるいは時々見られる。 •おしりがいつもただれていて，同じ服装で何日も過ごすなど清潔感がない。また季節にそぐわない服や薄汚れた服を着たり，他のきょうだいの服と極端に違ったりする。
行動上の特徴 •語りかけられても表情が乏しく，笑わない，視線が合わない。 •給食の時，食欲がなかったり，何回もおかわりを要求したりすることがある（過食）。 •おびえたような泣き方で，抱かれると離れたがらず不安定な状態が続く。 •ささいなことに反応し，感情の起伏が激しく，パニックを起こしやすい。 •嘘をつき通そうとし，自分を守ろうとする。 •物に執着する。 •おもちゃなどを集めて人に貸さない。また，友達や保育園の物を隠したり，かばんに入れたりする。
対人関係における特徴 •用がなくても保育者のそばを離れたがらずべたべたと甘えてくる。 •親が迎えにきても，無視して帰りたがらない。 •わざわざ怒らせるようなふるまいをする（叱られてもコミュニケーションをとろうとする）。 •イライラ感，不安感があり，いつも情緒が不安定である。 •自分に対して自信が無くいつもおどおどしている。 •家で虐待されているストレスから，弱い者（年下の子どもや動物など）へ暴力をふるう。 •人なつっこい，抱っこを求めるとやまない（底なしの愛情欲求）。 •こだわりが強い。

出所：保育と虐待対応事例研究会編（2004）『子ども虐待と保育園』ひとなる書房をもとに筆者作成。

表4-3-2　虐待の子どもへの影響（心理的な影響）

①対人関係の障害 　愛着関係，対人関係が不安定で，適切な反応をすることが出来ない。 　•人を信用することや甘えることが学習できていないことから，警戒的で，あまのじゃく的，矛盾した態度をとる（反応性愛着障害）。 　•「特定の相手」が定まらず，無差別に愛着を求め薄い愛着行動を振りまく。一見，社交的に見える（脱抑制型対人交流障害）。 ②自己評価や自己肯定感の低さ ③行動と感情のコントロール・表出の問題 　癇癪の爆発，攻撃的・衝動的で欲求のまま行動をする。 　表情や欲求が出ない。 ④多動 　落ち着きのない行動をとり，ADHDに似た症状を示すことがある。 ⑤大人びたよい子としてふるまう（偽成熟性） 　大人の顔色を窺い，大人の欲求を先取りした行動や大人びた行動をとる。 ⑥心的外傷後ストレス障害／複雑性PTSD 　フラッシュバック，悪夢に加えて，長期・複数回にわたって心的外傷体験を経験することで脳の変化が起き，気分変動や記憶の欠落等（解離）が生じる。 ⑦精神的な症状，将来にわたる影響 　子どもの人格形成に大きな影響を与える。 　うつ病，解離性障害，依存症などの精神疾患。

注：この他に，「身体的影響」（外傷や後遺症，発育面への影響），「知的発達面への影響」もある。
出所：厚生労働省『児童虐待防止の手引き（平成25年8月改正版）』5頁，杉山登志郎（2019）『発達性トラウマ障害と複雑性PTSDの治療』誠信書房をもとに筆者作成。

がってしまいます。また，子どもは，良い悪いにかかわらず，周囲の人の言動を見聞きして学習します。つまり，暴力を受けた子どもは，暴力で問題を解決することを学習します。加えて，感情のコントロールは，周囲の大人が子どもの感情を調整するような関わりをすることで段々と身につくものです。そのような経験が乏しいことで，癇癪が爆発したり，攻撃的・衝動的で欲求のまま行動したりするという特徴に繋がります。フラッシュバックが感情の爆発に影響を及ぼしていることもあります。

2　不適切な養育を受けた子どもに保育者ができること

　保育者に出来ることはどんなことでしょうか。実は，虐待を受けた子どもの対応では，普段の保育で大切にしていることを，丁寧に実践していくことがなによりも大切になります。その中でも，まず一つ目は，子どもにとって安心で，保護され，守られ，認められる環境をつくることです。注16 園は，子どもにとって，家庭とは異なる，数少ない外の世界になります。安心で，保護され，守られ，認められる体験を少しでも多く子どもが出来るような関わりや体制づくりが求められます。子どもの中には，いわゆる「試し行動▶3」をする子どもも少なくありません。担任が一人で抱え込んで疲弊しないように，園内や他機関との連携を図りながら，幾重にもその子どもと，関わる保育者を守り，支える環境を作ることが大切です。

　二つ目は，子どもに寄り添い，"一緒に"楽しむことです。清原（2017）は，「言葉のやり取りではなく声のやり取りから，話し合いではなく笑い合うことから，同じものを共に見て一緒に身体を動かし，世界や世界を感じる自分を，感情や身体感覚を稼働して誰かと共有する体験が重ねられることが必要」と述べています。『感情を共有してもらえず育った子——ネグレクトを受けた子どものこころ（理解と体験をつなぐパラパラ絵本）』注17（図4-3-1）では，相手に共感を求めても無視され続けた結果，心が動かなくなり，無表情で反応が乏しくなってしまった子ども（左側）が，自分に寄り添い，一緒に楽しんでくれる相手（右側）に出会い，長い関わりの中で感じる心を取り戻していく様子が描かれています。試し行動が多い子どもや，無表情で反応が乏しい子どもに寄り添い続けることは簡単なことではありません。しかし，子どもの心は大人から関心を寄せられ，応答があることによって育っていきます。そういった経験を少しでも取り戻し，心が再び育ち始めるために，体験を共有し，笑い合う経験をたくさんしたいものです。また，そういった経験の中で，子どもが人間関係の不器用さを減らし，自信を持てるような機会が少しでも多くあることを願っています。

注16　保育と虐待対応事例研究会編（2004）『子ども虐待と保育園』ひとなる書房。

▶3　試し行動
甘えや反抗，暴言，ふてくされたり閉じこもったりといった行動が多い。人との関係に不安定さを抱えていたり，安心感を感じられていなかったりすることが背景としてあり，その行動をしたことでの相手の反応で，相手に自分がどこまで受け入れられるか，自分の居場所かどうか等を体感し，確認する意味合いが強い行動である。

注17　取り扱いは，直販またはAmazonのみ。

図4-3-1　『感情を共有してもらえず育った子
　　　　──ネグレクトを受けた子どものこころ』

出所：清原友香奈著　皆藤章監修（2017）『感情を共有してもらえず育った子──ネグレクトを受けた子どものこころ（理解と体験をつなぐパラパラ絵本）』誠信書房，表紙，書籍内イラスト。

【Work】事後学習

①心身症にはどんな病気があるか調べてみましょう。また，起こりやすい年齢ごとに分けてまとめてみましょう。

_____

_____

_____

_____

_____

②児童虐待に関連した絵本を紹介します。清原友香奈著，皆藤章監修（2017）『理不尽に叩かれて育った子──虐待を受けた子どものこころ（理解と体験をつなぐパラパラ絵本）』誠信書房，MOMO（2003）『わかってほしい』クレヨンハウスなど，その他にも多数出版されています。読んで感じたことを書きましょう。

_____

_____

_____

_____

_____

＊巻末（p. 185）に，本節のまとめとして【ワークシート4-3】を掲載しています。探究的に課題に取り組み，幅広い視野を得て，さらに学びを深めましょう。

参考文献

川上範夫（2004）「ほどよい母親」氏原寛・亀口憲治・成田義弘ほか編『心理臨床大事典 改定版』培風館，1015-1016頁.

篠田美紀（2000）「二人いるから一人になれる」氏原寛・松島恭子・千原雅代編『はじめての心理学——心のはたらきとそのしくみ』創元社.

神長美津子・岩立京子・岡上直子・結城孝治（2019）『幼児理解の理論と方法』光生館.

小林陽之助編（2004）『子どもの心身症ガイドブック』中央法規出版.

杉山登志郎（2019）『発達性トラウマ障害と複雑性 PTSD の治療』誠信書房.

東山紘久編著（2002）『子どものこころ百科』創元社.

子どもの障がい
——発達障がいへの理解と支援

・・・

　発達の様々な特性が，教育・保育領域に限らず，幅広い領域で広く理解されるようになったことから，発達の特性に適した支援の必要性が増大しています。同時に，そのような個別の支援の難しさが教育・保育の現場から指摘されています。本節では発達障がいを持っている子どもに焦点をあて，障がいの理解と具体的な支援方法について具体的に学んでいきましょう。

〈エピソード〉保育者の声かけが伝わりにくく，一人遊びが多い4歳児

　生活発表会で赤や黄色のフサフサボールを動かしながら，お歌を歌う発表の練習です。T君は立って歌うことができずに，座ったままあっちを見たり，こっちを見たり落ち着きません。手に持った赤いフサフサボールを上に挙げるタイミングだけは，ばっちりです。隣の友達の動きをじっと見て，上手に真似をしています。ここまではご機嫌のT君でしたが，練習が終わって，舞台から帰る時が大変でした。舞台から廊下に降りる2段の階段を，担任の保育者に手をひかれて思わず飛び降りてしまいました。いつも，1段ずつ降りている階段なのに……T君は廊下に寝転がったまま大泣きです。担任の保育者は次の活動の準備のため少し焦っています。みんなと一緒に教室に入ろうとT君に話しますが，ますます大きな声で泣いてしまいます。その様子を見ていた主任の保育者が「T君は1段ずつ降りたかったんじゃないかな」とアドバイスをしてくれて，もう一度階段をいつもの方法で降りなおすことで，T君の気持ちはおさまりました。
▶1
　また，別の日には，T君は「猛獣狩り」の集団遊びに参加せず，一人でふらふらと教室から出ていってしまいました。動物のイラストを交えた「猛獣狩り」の説明のときには一番前に座って楽しそうに保育者の話を聞いていましたが，実際に遊びが始まると，みんなと同じようにグループに参加したり，友達を誘ったりすることができず，しばらくぼーっと立っていました。そのうち教室の隅のコーナーにあるレゴブロックで一人遊びを始めました。クラスの友達がT君とグループになろうと手を取りますが，振り払ってしまいます。副担任の保育者がT君のそばに行き，何度か猛獣狩りに誘いましたが，全く興味を示さず，レゴブロックにも飽きたのか教室から出ていき，今度は砂場で遊び始めました。担任の保育者は，声かけで意図がなかなか伝わらずみんなと一緒に活動できないT君にどう関わればいいのか，最近少し疲れてしまっています。

【**Work**】事前学習

　エピソードを読んで下記の二つの問いを考えてみましょう。

　①T君をどのように理解しましたか。

_____

_____

_____

_____

_____

② ①の理解に基づき，あなたがT君の担任だったら，どのようにT君に関わりますか。

_____

_____

_____

_____

_____

1　障がいとは──概念の変遷と分類

障がいの定義

　みなさんは障がいという言葉を聞いた時，どのようなイメージを持ちましたか。考えてみてください。

　「障がい」の定義は，これまで心身の機能に障がいがあるか無いかで判断する「医学（医療）モデル」が中心でした。しかし1980年代から，個人の機能障がいだけではなく，社会の制度や環境が障壁となってその人の生活に障がいをもたらしているとする，障がいの「社会モデル」という考え方が広まり始めました。

　自らの経験や主観的な思いだけでなく，客観的な概念も併せて障がいを理解し，支援を考えていくことは，子どもの特性に合わせた多様な理解と支援が求められる保育者にとって大切なことでしょう。

　そこで，世界で幅広く取り入れられている世界保健機構[▶2]（World Health Organization：WHO）による障がいの概念モデルで，客観的な視点を整理しておきましょう。

　1980年に WHO が提唱した ICIDH（国際障害分類）の考え方の基本は，障がいを疾患だけでなく生活や人生の問題も含めて捉えた点にあります。障がいを，「機能・形態障害」，「能力障害」，「社会的不利」の三層に分けることにより，「機能・形態障害」があっても「能力障害」や「社会的不利」を解決することができるという柔軟な考え方です（図4-4-1）。

　例えば，病気で音がほとんど聞こえない難聴になった5歳児のEちゃんは聴覚機能に障がいが生じ，友達や保育者とのコミュニケーションが上手くできないという能力の障がいが生まれます。このことが，保育園や幼稚園での集団での様々な活動において社会的不利につながることが考えられます。しかしながら，Eちゃんが手話を学び，保育者や友達もそれを理解するための努力をすれば，集団の活動における社会的不利は

▶1　猛獣狩り
保育者が「キリン！」など大きな声で動物の名前を言います。子どもたちは，言われた動物の文字数と同じ人数の友達とグループになり，その場にしゃがみます。※この例では「キリン」が3文字なので3人でグループをつくります。4〜5歳児向けではありますが，4〜5歳児と2〜3歳児をペアにして，教えてあげながら遊ぶなど異年齢児保育の活動としても使えます。
引用）ほいく is https://www.instagram.com/hoiku_is/（2022年11月29日閲覧）。

▶2　世界保健機構（WHO）
1948年4月7日に，すべての人々の健康を増進し保護するため互いに他の国々と協力する目的で設立された。WHO 憲章における健康の定義は，病気の有無ではなく，肉体的，精神的，社会的に満たされた状態にあることを掲げ，人種，宗教，政治信条や経済的・社会的条件によって差別されることなく，最高水準の健康に恵まれることが基本的人権であると謳われている。
引用）公益社団法人日本WHO協会。

図 4 - 4 - 1　ICIDH の障がいの概念

出所：WHO 国際障害分類（2001）「障害構造モデル」をもとに筆者作成。

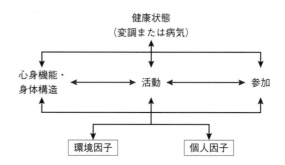

図 4 - 4 - 2　ICF の障がいの概念

出所：WHO 国際障害分類（2001）「障害構造モデル」
をもとに筆者作成。

図 4 - 4 - 3　E ちゃんの事例

出所：筆者作成。

少なくなり，E ちゃんの園では，他の園に比べて多様なコミュニケーションが展開されることになります。ICIDH からおよそ20年後の2001年に WHO が採択した ICF（国際生活機能分類）は，特定の疾病を持つ人々のためのものではなく「全ての人」に関する分類である点が新しい健康観といえます。ICIDH の「機能・形態障害」，「能力障害」，「社会的不利」に対応する要素をより中立的で汎用性の高い「心身機能」「活動」「参加」のような言葉で表現しています（図 4 - 4 - 2）。さらに，一人ひとりの特性や，周りの物的環境，人的環境の影響も考えることで，人に共通する全体性と併せて個別性も捉えることが可能になります。例

えば，先ほどの5歳児のEちゃんをICFの概念で考えてみましょう。Eちゃんが手話を学ぶ際の送り迎えや，保護者の悩みに対する相談などの家庭支援をすることでEちゃんの活動への参加はより可能になり，保護者と地域が連携することで，多様な個性を受け入れる社会へと小さな一歩が始まることも考えられます（図4-4-3）。障がいは個人の問題ではなく，社会全体で考えていくべきものであるというICFの概念は「社会モデル」と呼ばれています。

2　発達障がいの理解と支援

1　発達障がいとは──ICD-11による発達障がいの概念

発達障がいの定義は科学的な知見の集積や社会的見地から変遷をたどり，現在における定義も一様ではありません。

2016年に改正された「発達障害者支援法」第二条によれば，「発達障害とは，自閉症，アスペルガー症候群その他の広汎性発達障害，学習障害，注意欠陥多動性障害その他これに類する脳機能の障害であってその症状が通常低年齢において発現するものとして政令で定めるものをいう」とされています。

では，国内の研究，医療など多くの分野において広く活用され，診断基準の目安とされている発達障がいの診断・分類基準である，ICD-11（世界保健機構：World Health Organization：WHO）では発達障がいはどのように定義されているのでしょうか。ICD-10（1990年）と約30年ぶりに改訂されたICD-11（2019年）の診断名・基準の相違点から，発達障がいの概念について考えてみましょう。ICD-10とICD-11の診断名・基準を表4-4-1に示します。

ICD-10とICD-11の注目すべき相違点は，診断の概念に「発達」，「スペクトラム」といった連続性を意味する言葉が使用されている点です。これらの相違点が示していることは，発達障がいという概念を点ではなく線で捉えることが大切であるということです。発達という変化に伴い，多面的，多層的な症状を示す発達障がいの診断は，断定的なものではなく，発達していく過程の中で，症状のレベルや縦断的な変化に配慮した診断が今後は求められることが考えられます。

現在，発達障がいの理解と対応はICD-11やDSM-5（アメリカ精神医学会：American Psychological Association：APA）の「診断基準」に基づいて行われることが一般的です。しかしながら，発達障がいは，しばしば併存することが認められています。診断された障がいの特性のみならず，

表4-4-1　ICD-10とICD-11対照表

ICD-10	ICD-11
• 精神遅滞	• 知的発達症
• 会話および言語の特異的発達障害	• 発達性発話／言語症群
• 学力の特異的発達障害	• 発達性学習症
• 運動機能の特異的発達障害	• 発達性協調運動症
• 広汎性発達障害	• 自閉スペクトラム症
• 多動性障害	• 注意欠如多動症
• 活動性および注意の障害	
• チック障害	• 一時性チック／チック症候群

出所：森野百合子・海老島健（2021）「ICD-11における神経発達症群の診断について——ICD-10との相違点から考える」『精神神経学雑誌』123(4)，214-220頁をもとに著者作成。

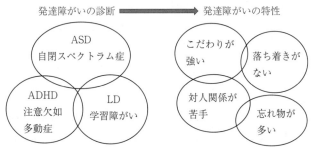

図4-4-4　発達障がいの捉え方

出所：本田秀夫（2018）『発達障害がよくわかる本』講談社をもとに著者作成。

他の障がいが見られる場合があります。一つの診断にとらわれていると，子どもの特性から生じる困り感を理解できないこともあるでしょう（図4-4-4）。診断は大変重要です。しかし，保育や教育の現場でより大切なことは，診断から子どもの持つ基本的な特性を理解しつつ，併存するであろう特性についても，一人ひとりとていねいに関わることで，目の前の子どもの全体像を把握しつつ，一人ひとりに合った対応や支援を大切にしていくことです。

❷　発達の特性——その子どもだけが持つ性質，特徴

　発達障がいの子どもには，特有の性質（特性）があります（図4-4-5）。特性とは例えば「足が速い」，「たくさん食べる」などと同じことです。発達障がいの子どもには「認知面での特性」と「行動面での特性」がよく見られます。「認知面の特性」とは，目で見たものや耳で聞いた情報の理解の仕方や感じ方などのことです。「行動の特性」とは，話し方や体の動き方などのことです。

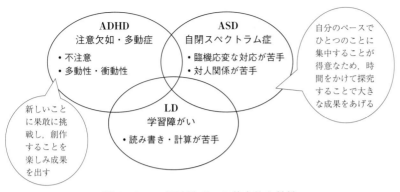

図4-4-5　発達障がいの基本的な特性

出所：著者作成。

「認知面の特性」の例

①知覚過敏（あるいは鈍感）

　大きな声で話しているのに聞こえていないことがある。あるいは特定の音が気になって落ち着かないなど。

②選択的注意

　保育者がいろいろな指示を一度に話すと，多くの情報の中から自分に必要なことを選択的に注意して，注意した内容について理解したり判断する過程が難しい。

③意味認知

　全体的な意味や文脈の意味理解が難しい。形態の認知が優先してしまい，物事の一部分，表面，感覚的印象や雰囲気に反応してしまう。その場にある素材（実際に確認できること）からそこにあらわれていない事態を推理するのが困難である。例えば，車のおもちゃを，車の動きを再現して動かして遊ぶというよりは，タイヤだけを動かし続けて遊ぶなど。

④感情や意図の共有

　自分が知っていることでも相手が知らないことがあるということを理解することが難しい。

「行動面の特性」の例

①落ち着きがなく，じっと座っていられない。

②順番を待つことが苦手。

③忘れっぽい。園からの配布物や友達との約束を忘れる。ハンカチや上履き袋を園に置いたまま帰ってきてしまう。

④ADHD（注意欠如・多動症）の子ども達を理解する指標として，実行

表4-4-2　発達障がい等の特性をきっかけにして起こる
二次障がいや問題

精神的な症状	身体的な症状	問題行動
うつ症状	下痢	不登校
対人恐怖	嘔吐	引きこもり
自己肯定感の低下	頭痛	暴力

出所：著者作成。

機能の特性がある。実行機能とは，目標を達成するための計画を立て，自分の行動や思考，気持ちを調整する脳機能のことである。時間や労力の見通しを持ちながら目標や課題に段取りよく取り組むことが苦手なため，日常生活に必要な行動や仕事に時間がかかる。また，やるべきことに取り掛かるために気持ちや行動を切り替えることが苦手だったり，途中で別のことに注意が向いてしまい最後までやり遂げることが苦手。衝動的に行動したり発言したりしてしまうといった行動がよく見られる。

　保育者や保護者は子どもの特性を障がいの診断基準や，平均的な発達との違いに基づきネガティブに捉えるだけではなく，子ども一人ひとりの特性と環境（物的環境，人的環境）との関わりの中で，その子どもの困り感に気付くと同時に，子どもの生き生き観も発見できるまなざしを持つことが必要です。発達障がいは発達の多様性の中の一つのパターンだと捉え，その特性を理解し，理解に基づいた支援が求められます。

3　理解と支援のポイント①──苦手な部分を理解する

　発達障がいの子ども達は，苦手なことと得意なことの差が大きく，他の人に比べて苦手なことが多い特性を持つことが考えられます。友達に比べて「できない」自分を感じていたり，集団での遊びのルールやコミュニケーションの取り方が理解できないことから社会に適応していくことに疲れてしまいます。このような状態が続くと二次障がいが起こりやすくなります。二次障がいとは，発達の特性を理解されず，適切な関わりがされないことによりストレスがかかり，心身の不調や生活上の困難な問題が起こってしまうことです。

　表4-4-2に見られるような二次障がいは，長引くと定着してしまうことが考えられます。例えば，うつの様々な症状（睡眠障害・食欲の低下・興味の喪失・意欲の減退）は長引くほど，元の状態に戻ることが難しく，本人の不安も高くなります。長期化を避けるためには，周りの大人

図 4 - 4 - 6　発達障がいという状況

出所：大倉得史・勝浦眞仁（2020）『発達障碍のある人と共に育ちあう』金芳堂をもとに著者作成。

が協力して子どもの特性を理解し，共有することで，適切な対応をとることが大切です。

4　理解と支援のポイント②──関係性の視点から捉える

図 4 - 4 - 6 は心（主体性）の育ちにくさを関係性の視点から示したものです。関係性の視点について具体的に説明していきます。

①異なる認知・身体機能

第 2 節の②「発達の特性」のところで述べたように，発達障がいの子どもには，特有の性質（特性）があります。特性とはその子どもだけが持つ性質，特徴のことです。発達障がいの子どもに特性があるように，関係性を持つ私たちにも特性があります。それ故に，互いの物の見方や感じ方を尊重することが大切になります。

②社会の許容度の低さ

子ども集団の多くは，定型発達[3]の子どもたちです。多数派である定型発達の子どもたちに合わせた形で，社会の制度や設備，慣習などが作られています。その社会の形に適応できないと「気になる子ども」と特別視されてしまいます。例えば，

◎コミュニケーションがうまくとれない

◎集団行動ができない

◎ルールが理解できない

◎周りから見たら，どうでもよいことにこだわる

といった特性を理解し，受け入れようとせず，定型発達の子どもたちと同じように行動し，集団の一員としての適応的な振る舞いや物の見方・感じ方を求め，改善しようとする社会の在り方です。定型発達とは異なる特性を持つ子どもたちを抱えることのできない未熟さこそ，社会の許容度の低さといえます。

▶3　定型発達
発達障がいでない人々（あるいはそのような状態）を意味する。

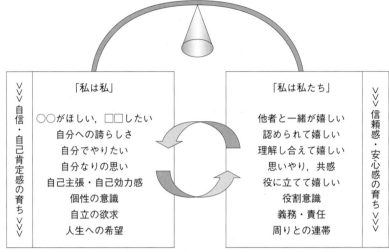

図4-4-7　主体性のやじろべえ

出所：鯨岡峻（2016）『関係の中で人は生きる』ミネルヴァ書房をもとに筆者作成。

③関係性の障がい

　関係性の障がいとは，発達障がいのある人とそれを取り巻く周囲の人たち（育てる人）との間で間身体的・間主観的コミュニケーション[4]が難しくなることです。

④「心」「主体性」を育むかかわり

　「心」とは，目に見えるものではなく，絶えずその状態は変容し，また子ども一人ひとり異なる枠組みを持っています。そのような理解しづらい「心」を安心感のある意欲的な状態に保つためには，自分なりの個性が発揮できているという感覚と，周りの人とつながっているという感覚が大切になります。この両者の感覚が揃っている「心」の状態が「主体性」であるといえます。発達障がいの子ども達は異なる認知・身体機能を持ち，社会的許容度の低い世界の中で，間身体的・間主観的コミュニケーションが難しいために，「主体性」が育ちにくいことが考えられます。周りの人たち，とりわけ保育者はあるがままの子どもの思いを受け止める養護的関わりと，保育者の思いや願いを伝える教育的関わりをバランスよく織り交ぜながら関わっていくことが求められます（図4-4-7）。

【Work】事後学習

事前学習のエピソードをもう一度読み，下記について考えてみましょう。

1．T君を，①異なる認知・身体機能，②社会の許容度の低さ，③関係性の障がいの3つの視

▶4　間身体的・間主観的コミュニケーション
私たちの身体には，相手の身体が「そこ」で感じていることを「ここ」においてわが事のように感じるという働き（間身体性）が備わっており，この働きを基盤に「相手の気持ちがよくわかる」という経験（間主観性）も生じる。子どもと大人の間では，どんな言葉のやりとりをしたかという言語的コミュニケーション以上に，相手からどのような思いや気持ちが感じられたかという間身体的，間主観的な水準でのコミュニケーションが重要な意味を持つ。引用）：大倉得史・勝浦眞仁（2020）『発達障碍のある人と共に育ちあう』金芳堂。

点から考えてみましょう。

①異なる認知・身体機能

_____

_____

_____

②社会の許容度

_____

_____

_____

③関係性の障がい

_____

_____

_____

2．1で考えた状況に基づき，あなたがT君の担任だったら，どのように関わればいいかT君とT君以外のクラスの子ども達という個と集団の関係性も踏まえて考えてみましょう。

①T君（個）への関わり

_____

_____

_____

②クラスの子ども達（集団）への関わり

_____

_____

_____

＊巻末（p.186）に，本節のまとめとして【ワークシート4-4】を掲載しています。探究的に課題に取り組み，幅広い視野を得て，さらに学びを深めましょう。

参考文献

本田秀夫（2018）『発達障害がよくわかる本』講談社.

鯨岡峻（2016）『関係の中で人は生きる——「接面」の人間学に向けて』ミネルヴァ書房.

森野百合子・海老島健（2021）「ICD-11における神経発達症群の診断について——ICD-10との相違から考える」『精神神経学雑誌』123(4)，214-220頁.

大倉得史・勝浦眞仁（2020）『発達障碍のある人と共に育ち合う』金芳堂.

ワークシート

〈ワークシートの使い方〉

本書の各章・各節について，さらに学びを深められるよう，ワークシートを掲載しました。
課題に探究的に取り組み，幅広い視野を得るためにご活用ください。

〈授業でご使用の先生方へ〉

授業後のさらなる事後学習として，学びを深められるワークシートです。課題として提出を
求める場合はコピーをして配布するなど，ご活用ください。

【ワークシート 1‐1】

第1章　第1節　子ども家庭支援に生涯発達心理学の学びがなぜ必要か

学籍番号　　　　　　　氏名

①エリクソンの発達段階（表1‐1‐1）の心理・社会的危機の特徴を読み，あなたが特に興味を持った「発達の時期」を挙げてみましょう。また，興味を持った理由やどのようなことを学びたいと思ったのか記述してみましょう。

興味を持った発達の時期

理由

②ブロンフェンブレンナーの生態学的システム論の四つのシステム（図1‐1‐1）から，「今のあなた」を中心に置いて，あなたに影響を与えている周りの人や環境，その相互のつながりを考えてみましょう。特に，（1）マイクロシステム，（2）メゾシステム，（3）エクソシステムについて具体的に記述してみましょう。

（1）マイクロシステム

（2）メゾシステム

（3）エクソシステム

【ワークシート 1 – 2】
第1章　第2節　妊娠・出産期，乳児期の発達

学籍番号　　　　　　　　氏名

①あなたの住んでいる市区町村では，妊娠期からの子育て支援として，どのようなことが行われているでしょうか。地域の「子育て世代包括支援センター」の役割や，子育て支援センターでの取組についてインターネット等を利用して調べてみましょう。

②第1章第2節冒頭のエピソードにおいて，あなたがXちゃんのお母さんから相談された支援員だった場合に，どのようにXちゃんのお母さんの悩みに応えるかを考えてみましょう。

③乳児期の身体接触が楽しいふれあい遊びについて調べてみましょう。

第1章　第3節　幼児期・学童期の発達

学籍番号　　　　　　　　氏名

①小学校の思い出の中で，楽しかったこと，難しいと感じたことをそれぞれ挙げてみましょう。また，周りの人と話し合ってみましょう。

②第1章第3節冒頭のエピソードにおいて，あなたがRちゃんのお母さんから相談された保育者だった場合に，どのようにRちゃんのお母さんの質問に答えるかを考えてみましょう。

③保育所や幼稚園，こども園と小学校との連携について，あなたがやってみたいことはどのようなことですか。子ども達の経験として大切だと思うことを挙げながら，考えてみましょう。

【ワークシート1-4】

第1章　第4節　青年期の発達

学籍番号　　　　　　　　氏名

①あなたは，第二次性徴は早い方でしたか，遅い方でしたか。その時に他の人と比べて，どのようなことを思っていましたか。

②アイデンティティ拡散の特徴をみて，あなたやあなたの周りにこういった特徴を持っている人はいますか。見た／聞いたことのある特徴を書いてみましょう。

③LGBTQ／性的マイノリティについて，他に日常生活の中でどのような困難があると思いますか。考えてみましょう。

【ワークシート **1-5**】

第1章　第5節　成人期・老年期の発達

学籍番号　　　　　　　氏名　　　　　　　　　　　　

①エピソードC君のおじいさんなぜは怒り出したのでしょうか。そして，担任の保育者はどう対応
　したらよかったと思いますか。

```
┌─────────────────────────────────────────────┐
│                                             │
│                                             │
│                                             │
│                                             │
│                                             │
│                                             │
└─────────────────────────────────────────────┘
```

②自分のライフ・キャリア・レインボーを作成してみましょう。

```
┌─────────────────────────────────────────────┐
│                    維持期                     │
│              35    40   45                   │
│          30              50                  │
│    確立期              家庭人      55          │
│        25              職業人        60       │
│     20                 市民           65  衰退期│
│                        自由人          70     │
│  探索期  15            学生                    │
│        10             子ども          75      │
│  成長期                              80       │
│      5                                       │
│                                             │
│  └─ ライフステージ            年齢（歳）─┘    │
└─────────────────────────────────────────────┘
```

③自分の祖父母を頭に思い描き，授業内容に合うエピソードを書いてみましょう。

```
┌─────────────────────────────────────────────┐
│                                             │
│                                             │
│                                             │
│                                             │
│                                             │
│                                             │
│                                             │
│                                             │
│                                             │
└─────────────────────────────────────────────┘
```

【ワークシート 2 - 1】

第2章　第1節　子ども家庭支援に家族や家庭を理解することがなぜ必要か

学籍番号　　　　　　　　　氏名

自分自身が育った家庭や身近な家庭を参考にしながら考えましょう。

①保育者が子どもの家庭を理解する上で，難しいことは何だと思いますか。

②保育施設が家庭と連携するための手段や方法をいくつか挙げましょう。また，それを十分に生かすための工夫について考えましょう。

③現代の多くの保護者が求めている子育て支援は何だと思いますか。

第 2 章　第 2 節　家族・家庭の意義と機能

学籍番号　　　　　　　　氏名

①近代家族と現代家族の類似点や相違点についてまとめましょう。

②家庭の「社会化機能」の外部化が，子どもの発達にもたらすメリットやデメリットは何だと思いますか。

③20年後の日本の家族や家庭はどのように変化すると予想しますか。また，それはなぜですか。

【ワークシート 2 - 3】
第2章　第3節　親子関係・家族関係の理解と支援

学籍番号　　　　　　　　　氏名

①あなたの家庭には，暗黙のルールはありますか。また，そのルールについて，あなたは変えたいですか。そのままでいいですか。

②養育態度について，四つ（権威的，権威主義的，甘やかし・放任，無視・無関心）のタイプについて説明しましたが，あなたが親になった場合，どのような子育て（養育のタイプ）をしたいと思いますか。考えてみましょう。

③親が楽しんで充実した子育てができるために，保育者／教育者はどのようなことが大切だと思いますか。

第2章　第4節　子育て経験と親としての育ちの理解と支援

学籍番号　　　　　　　氏名　　　　　　　　　　

①親自身の発達について，仕事を通しての発達と，育児を通しての発達とではどのような違いがあると思いますか。

①親同士の仲間づくりを支援するとしたら，保育施設はどのようなことができるでしょうか。

③親としての発達を促進するために，社会は今後どのように変化するとよいと思いますか。

【ワークシート 3 - 1】

第3章　第1節　子育て家庭に関する現状を理解し課題を考えることがなぜ必要か

学籍番号　　　　　　　　　氏名　　　　　　　　　

○少子高齢化が進むことによって，子育て世帯にどんな影響があると思いますか。予想して書きましょう。

　（この答えは，この節以降に出てきますので，自分の予想がどのくらいあてはまっているか確かめてみることも楽しいですね。）

第3章　第2節　子育ての社会状況の理解と支援

学籍番号 _____　氏名 _____

①少子化対策には何が必要だと思いましたか。

```




```

②あなた自身が働きだしたときに，どのように「ワーク・ライフ・バランス」を取ろうと思います
か。

```




```

③保育所を利用している父母の「ワーク・ライフ・バランス」のためにできることは何か考えま
しょう。

```




```

【ワークシート 3-3】
第3章　第3節　多様な家庭への理解と支援

学籍番号　　　　　　　氏名

保育所・幼稚園・こども園には，多様な家庭の子ども達が通っています。どんな場面で，どんな配慮や支援が必要になるか考えてみましょう。

①ひとり親世帯の子ども，保護者への配慮と支援

②親の離婚後の子ども，保護者への配慮と支援

③ステップファミリーの子ども，保護者への配慮と支援

④里親家庭の子ども，保護者への配慮と支援

⑤外国にルーツを持つ家庭の子ども，保護者への配慮と支援

第3章　第4節　特別な配慮を要する家庭への理解と支援

学籍番号　　　　　　　　氏名　　　　　　　　　　

① 「しつけ」と「虐待」の違いについて，あなたの考えを書きましょう。

```
┌─────────────────────────────────────────────┐
│                                             │
│                                             │
│                                             │
│                                             │
└─────────────────────────────────────────────┘
```

②あなたが担任をしているクラスの子どもが園で着替えをした際，衣服で隠れる部分にあざを見つけました。あなたならどうしますか。

```
┌─────────────────────────────────────────────┐
│                                             │
│                                             │
│                                             │
│                                             │
└─────────────────────────────────────────────┘
```

　他の人の意見も聞いてみましょう。

```
┌─────────────────────────────────────────────┐
│                                             │
│                                             │
└─────────────────────────────────────────────┘
```

③いつも給食をむさぼるように食べている子どもがいました。その子に家庭での話を聞くと，毎日朝食を食べておらず，夕食は小学生のきょうだいが用意しているようでした。あなたならどうしますか。

```
┌─────────────────────────────────────────────┐
│                                             │
│                                             │
│                                             │
└─────────────────────────────────────────────┘
```

　他の人の意見も聞いてみましょう。

```
┌─────────────────────────────────────────────┐
│                                             │
│                                             │
└─────────────────────────────────────────────┘
```

【ワークシート4-1】

第4章　第1節　子ども家庭支援に子どもの精神保健を理解し課題を考えることがなぜ必要か

学籍番号　　　　　　　氏名

①あなたが子ども時代に苦手だったことを思い出して書いてみましょう（集団行動，かたづけ，時間を守ること，人と話をすること等，どのようなことでも大丈夫です）。

②そのような苦手なことをしなければならない時，どのような関わり方をしてもらえたら，やってみようと思えましたか。

③実習で関わった子ども達の中でどのような子どもが気になりましたか。

④気になる子どもにどのように関わりましたか。

第4章　第2節　子どもの生活・成育環境の理解と支援

学籍番号　　　　　　　氏名　　　　　　　　　

①子どもがスマートフォンを持つことのメリットとデメリットについて考えましょう。

②あなたは子どもの時にどんな外遊びをしましたか。

③本節では，母親が疾患を患っている場合について書かれていますが，父親が疾患を抱えている場合にはどのような大変さがあると思いますか。

【ワークシート 4 - 3】

第4章　第3節　子どもの心の健康への理解と支援

学籍番号　　　　　　　　氏名

大人も子どもも，ストレスに感じること（ストレッサー）やストレス反応は人それぞれです。同じ出来事があっても，ストレッサーにはならず，ストレスを感じない人もいます。ワークを通して，人の心の多様さを理解しましょう。

　（ワークシートに記入した内容を見せ合ったり提出したりします。他の人に知られて嫌な内容を無理に書く必要はありません。）

①あなたがストレスに感じること（あなたにとってのストレッサー）はどんなことですか。

②あなたがストレスを感じた時，どんなストレス反応が出ますか。

③ストレスを感じた時，どんな風に対応しますか。ストレスの発散方法はなんですか。

④上記の①〜③について，他の人の書いたものを見せてもらったり，話を聞いたりしてみましょう。

第4章　第4節　子どもの障がい——発達障がいへの理解と支援

学籍番号　　　　　　　　氏名

①園の活動中に座っていることができずに立ち歩いてしまう落ち着きのない子ども（5歳児）への配慮と支援について考えてみましょう。

②感情表現が少なく，一人で遊ぶことが多く集団での活動に関心を示さない子ども（5歳児）への配慮と支援について考えてみましょう。

③あなたが考える障がいとはどういうことですか。

索　引
（＊は人名）

《**執筆者紹介**》（執筆順，執筆分担，＊は編著者）

＊小原　倫子　はじめに，本書の使い方，第4章第1・4節
　　編著者紹介を参照。

小川　絢子　第1章第1・2・3節
　　現　在　名古屋短期大学保育科准教授。
　　主　著　『子ども家庭支援の心理学』（共著）ひとなる書房，2021年。
　　　　　　『新・育ちあう乳幼児心理学――保育実践とともに未来へ』（共著）有斐閣，2019年。
　　　　　　『公認心理師スタンダードテキストシリーズ12 発達心理学』（共著）ミネルヴァ書房，2019年。

信太　寿理　第1章第4節，第2章第3節，第4章第2節
　　現　在　愛知学泉大学家政学部こどもの生活学科准教授。
　　主　著　『ノードとしての青年期』（共著）ナカニシヤ出版，2018年。
　　　　　　『心のなかはどうなっているの？高校生の「なぜ」に答える心理学』（共著）福村出版，2023年。

森山　雅子　第1章第5節，第3章第1・2節
　　現　在　桜花学園大学保育学部国際教養こども学科准教授。
　　主　著　「わが子の泣きに対する父親の認知プロセスの分析育児期初期における発達の様相についての質的研究」
　　　　　　『発達心理学研究』51，2021年。
　　　　　　『個と関係性の発達心理学――社会的存在としての人間発達』（共著）北大路書房，2018年。

＊小林　佐知子　第2章第1・2・4節
　　編著者紹介を参照。

丸山　笑里佳　第3章第3・4節，第4章第3節
　　現　在　岡崎女子短期大学幼児教育学科准教授。
　　主　著　『個と関係性の発達心理学――社会的存在としての人間の発達』（共著）北大路書房，2018年。
　　　　　　「保育者養成校の実習における学生の体験と授業での学び――実習での困難感と学んでいてよかった内容
　　　　　　に注目して」『研究紀要』55，岡崎女子大学・岡崎女子短期大学，2022年。

《編著者紹介》

小原　倫子（おばら　ともこ）
　　現　在　桜花学園大学保育学部保育学科教授。
　　主　著　『個と関係性の発達心理学──社会的存在としての人間の発達』（共著）北大路書房，2018年。
　　　　　　『学校で役立つ教育相談』（共著）八千代出版，2019年。
　　　　　　『児童心理・発達科学ハンドブック』（共著）Handbook of Child Psychology and Developmental Science,
　　　　　　7th edition, Wiley, 2015.（訳）福村出版，2022年。

小林　佐知子（こばやし　さちこ）
　　現　在　静岡県立大学短期大学部こども学科教授。
　　主　著　『助産学講座第4版　母子の心理・社会学』（共著）医学書院，2008年。
　　　　　　『個と関係性の発達心理学──社会的存在としての人間の発達』（共著）北大路書房，2018年。

エピソードで学ぶ 子ども家庭支援の心理学

2024年3月31日　初版第1刷発行　　　　　　　　　〈検印省略〉

定価はカバーに
表示しています

編著者　　小　原　倫　子
　　　　　小　林　佐知子
発行者　　杉　田　啓　三
印刷者　　坂　本　喜　杏

発行所　　株式会社　ミネルヴァ書房
　　　　　607-8494　京都市山科区日ノ岡堤谷町1
　　　　　電話代表　（075）581-5191
　　　　　振替口座　01020-0-8076

ISBN 978-4-623-09666-4
Printed in Japan